なぜ賢いお金持ちに「短気」が多いのか？

田口智隆
TOMOTAKA TAGUCHI

水王舎

人生はあまりにも短く、
そして退屈し浪費した時間は
決して取り戻すことができないのだ。

スタンダール（フランスの小説家）

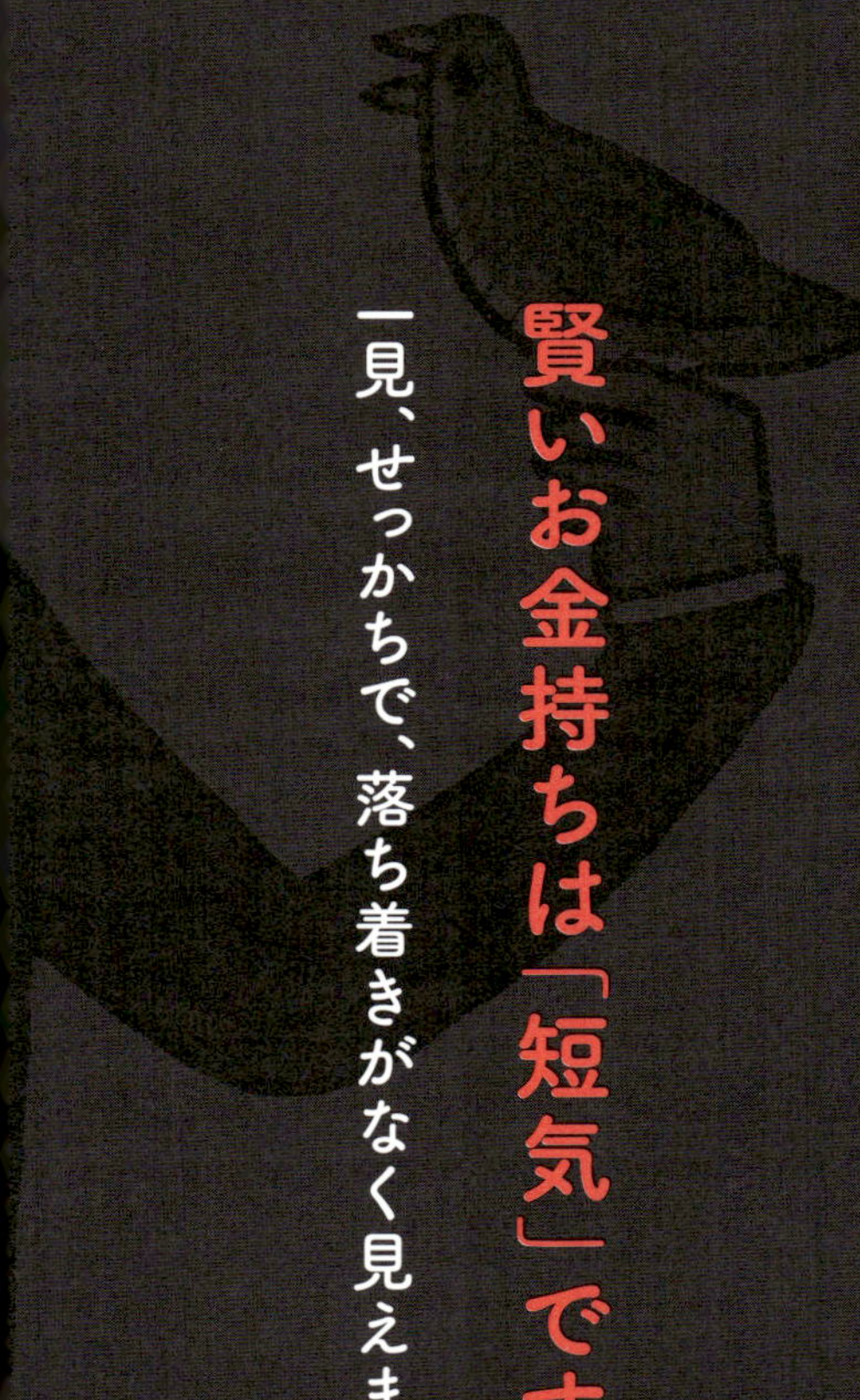

世の中には、賢いお金持ちと、
残念なお金持ちがいます。
両者の差は、普段の言動にあらわれます。

賢いお金持ちは「短気」です。

一見、せっかちで、落ち着きがなく見えます。

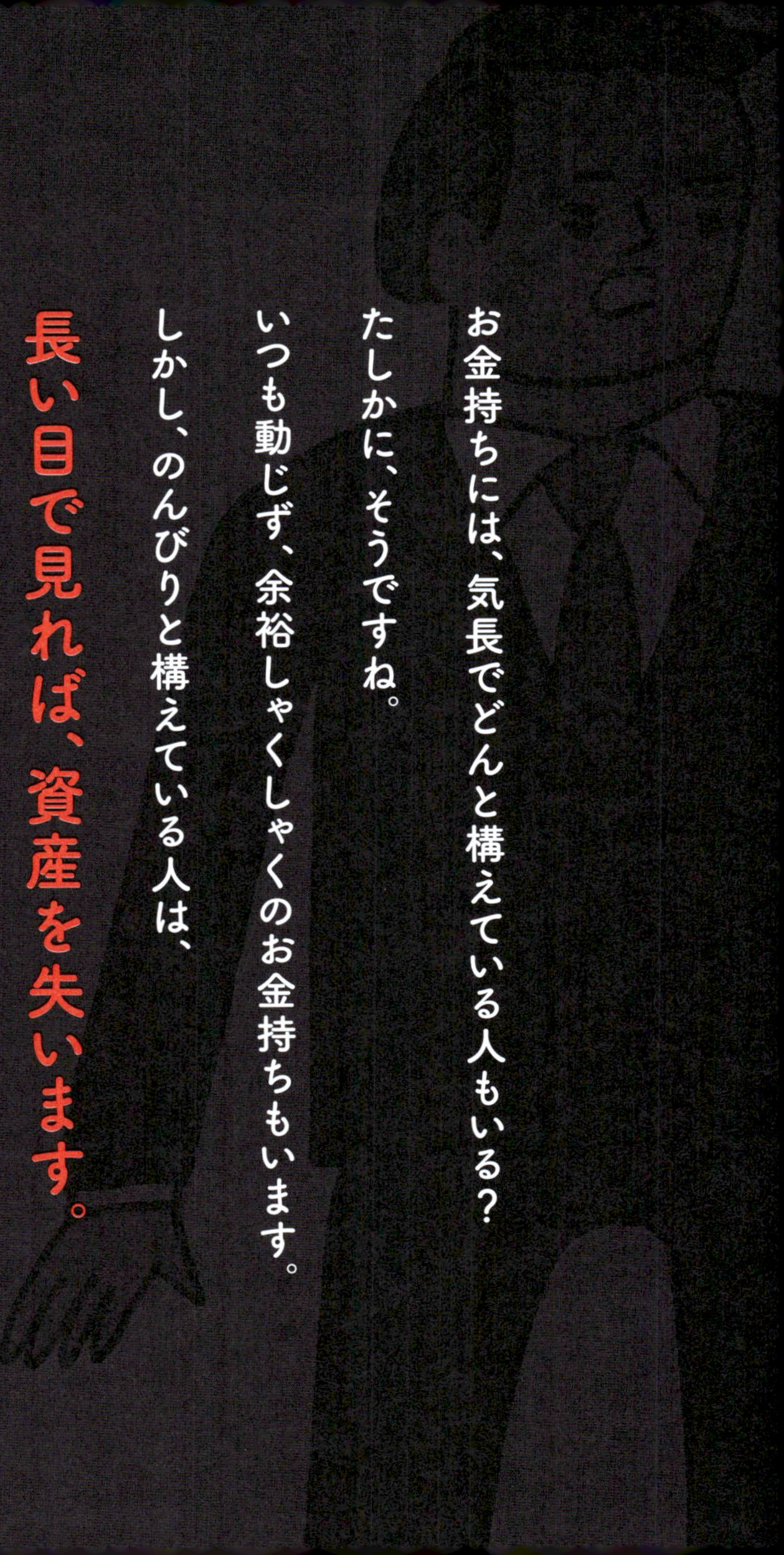

お金持ちには、気長でどんと構えている人もいる？
たしかに、そうですね。
いつも動じず、余裕しゃくしゃくのお金持ちもいます。
しかし、のんびりと構えている人は、
長い目で見れば、資産を失います。

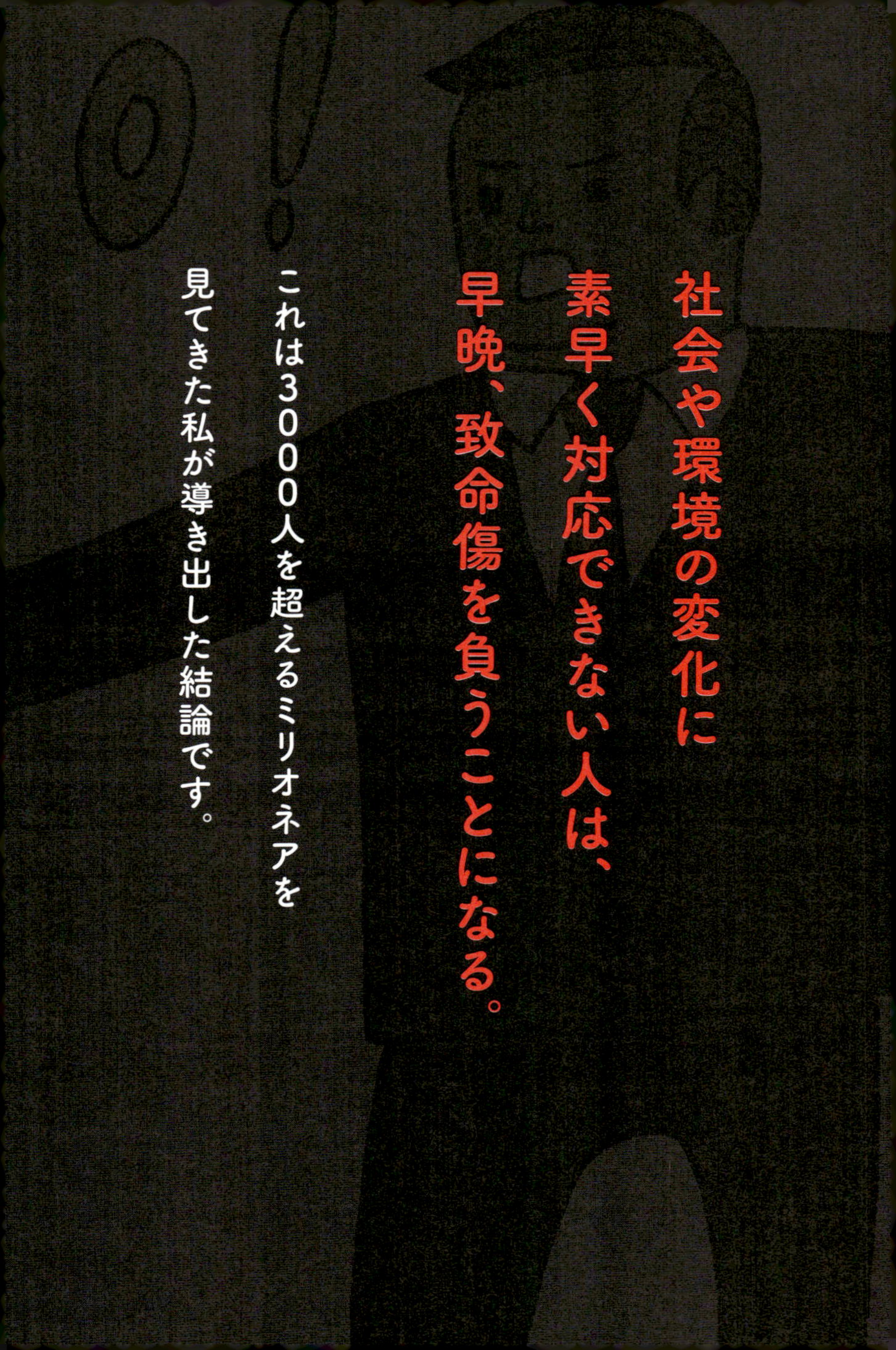

社会や環境の変化に
素早く対応できない人は、
早晩、致命傷を負うことになる。

これは３０００人を超えるミリオネアを
見てきた私が導き出した結論です。

賢いお金持ちは
「変化」を続ける人です。

賢いお金持ちは、気が短いように見えるだけで、
投資、ビジネス、人付き合い、日常生活……など
あらゆる面で変化に素早く対応している。

臨機応変、即断即決。

だから資産を半永久的に増やし続けます。

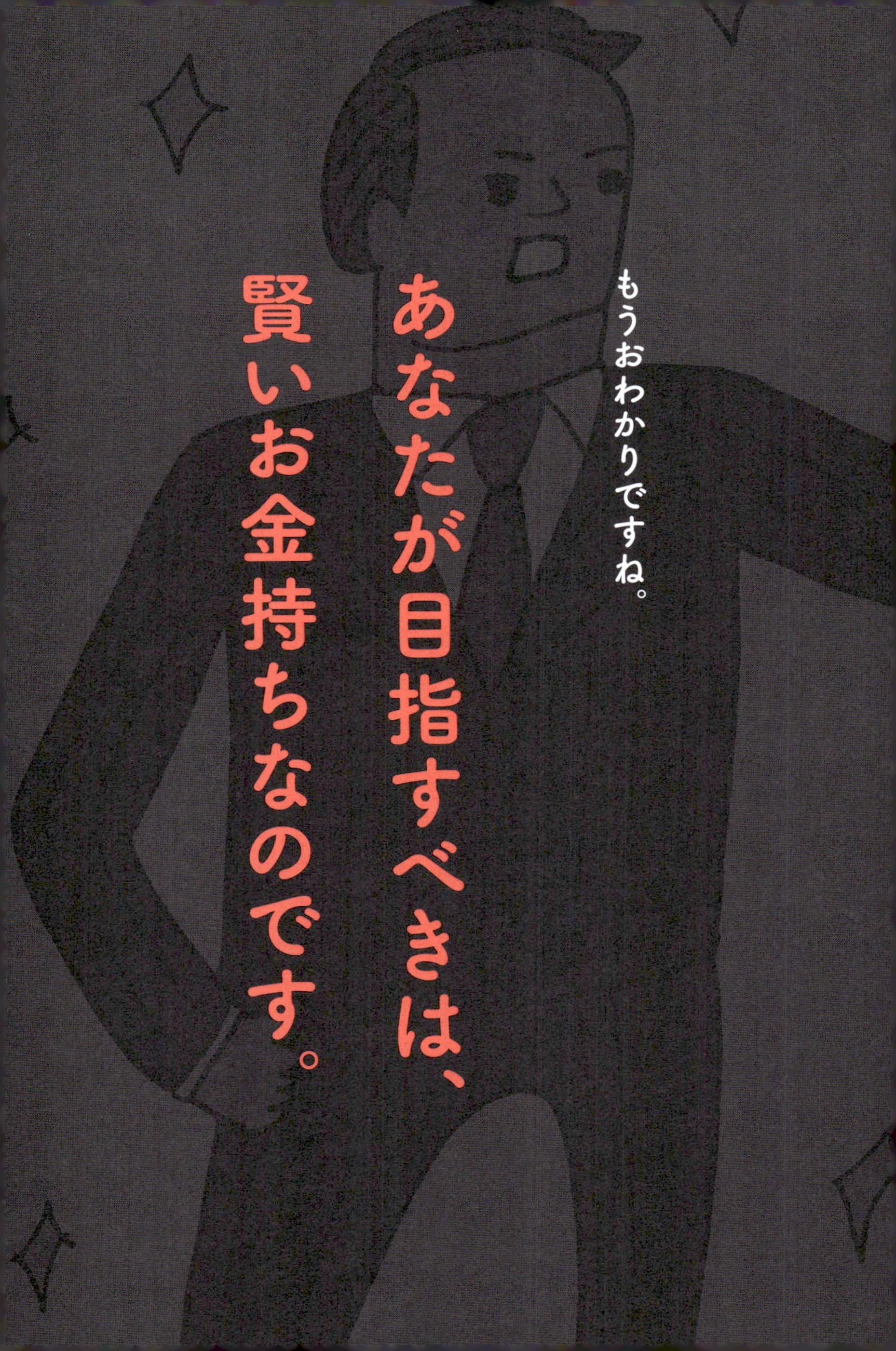

もうおわかりですね。

あなたが目指すべきは、
賢いお金持ちなのです。

はじめに

賢いお金持ちは「短気」――。

このように言うと、ほとんどの人が「いやいや、そんなことはない」「むしろお金を失いやすいのではないか」と反論してきます。

「短気は損気」ということわざがあるように、後先かまわず軽はずみな言動を繰り返す人は、仕事や人間関係がうまくいかず、結果的に損をするというのが多くの人の認識なのでしょう。

しかし、私はこれを明確に否定します。

「短気」といえば、「すぐにキレる」「我慢がきかない」といったマイナスイメージをもつ言葉です。実際、辞書（広辞苑）を引けば「気みじかなこと。性急。せっかち。短慮」といった言葉が並びます。

たしかに、常にイライラしていたり、相手を怒鳴りつけたりしていれば、まわりの人は離れていきます。人が離れれば、お金も離れていくのは世の常識。だから、誰かを振り回して迷惑をかけたり、傷つけたりする「短気」は、人生で多くのものを失う結果となります。

しかし、短所と長所が裏表の関係であるのはよくある話。

「わがまま」というとネガティブな印象ですが、「自分をもっている」「こだわりがある」といえばポジティブな印象になります。「飽きっぽい」という言葉も、「好奇心旺盛」という言葉と紙一重です。

「短気」という言葉は裏を返せば、

「判断力がある」

「行動力がある」

「変化対応力がある」

という意味を含んでいます。

実は、お金持ちになる人ほど気が短いのです。

実はお金持ちになる人ほど気が短いのです。

短気であるからこそ、世の中の変化に強く、即断・即決・即行動ができる。不測の事態にも対応できるし、未来を先取りして効果的な一手を打つこともできる。気が短いことと、成功者の哲学には共通点が多いのです。

私自身、とてもせっかちな人間です。

突然キレたり、物事を投げ出したりすることはありませんが、やってみたいと思ったことはすぐに行動に移しますし、魅力的な投資法があると聞けばすぐに試してみたくなる。けっして「じっくり考えてから」「まずは様子を見て」ということはありません。変化することに抵抗はないのです。

「お金持ちの人には、悠長な人もどんと構えている人もいるではないか」という反論もあるでしょう。

しかし、ここで重要なのは、〝賢い〟お金持ちである、ということ。

お金持ちには、一時的にお金持ちになるけれど結局資産の大半を失う残念なお金持ちと、生涯を通じて高収入を稼ぎ続け、安定した資産を築く賢いお金持ちがいます。

これまで私は３００人を超すお金持ちを見てきましたが、長い間お金を稼ぎ、資産を築く本物のお金持ちは、総じて気が短い。これは自信をもっていえます。一見、優雅に振る舞っているお金持ちも、他人から見えない水面下では、激しく足を動かしているものです。


本書は、数多くのお金持ちにインタビューしてきた私が、彼らに共通する哲学や行動原則を明らかにしたものです。世の中の賢いお金持ちが「絶対やらない哲学」は、これからお金持ちになりたい人たちにとって、大いに参考になるはずです。

もともとの性格は関係ありません。「のんびりしているから……」「マイペースだから……」という人も大丈夫。誰でも少しだけ意識と行動を変えれば、賢いお金持ちになることができます。

さあ、本書を読んで、お金に縛られない人生を手に入れましょう！

田口　智隆

なぜ賢いお金持ちに「短気」が多いのか　目次

はじめに　8

第1章　賢いお金持ちは、変化することをいとわない！

「人生は長い」という発想がない　18
「100%」を目指さない　24
「フルモデルチェンジ」にこだわらない　28
「過去」と「未来」にとらわれない　32
「現状維持」に満足しない　37
「直線」の人生を歩まない　42

第2章

賢いお金持ちは、気が短い

「損切り」を恐れない 48
勝負どころでブレーキを踏まない 55
タイミングを計らない 62
最初から1つの手段にしぼらない 67
「心臓がバクバク」するようなリスクはとらない 72
苦手なことに自分の時間を奪われない 76
「夢」が漠然としていない 80

第3章 賢いお金持ちは、仕事の判断が異常に早い

「絞る」ことをためらわない 88
仕事を「他人事」にしない 92
苦手な仕事は後回しにしない 97
運転見合わせの車内にとどまらない 100
ラッシュに巻き込まれない 104
メールにいちいち反応しない 109
スケジュールは相手を優先しない 114
締め切りギリギリまで粘らない 118
「石の上にも三年」を守らない 122

〈第4章〉

賢いお金持ちは、超速で人を見切っている

「相性が合わない人」には近づかない 128
初対面では「謙虚」になりすぎない 133
パートナーは「性格」で選ばない 137
飲み会は最後まで残らない 141
同窓会で「変わってないね」と言われて喜ばない 145
「今度機会がありましたら……」と言わない 151
名刺は大切に保管しておかない 157

第5章 賢いお金持ちは、日常生活でも「短気」である

ルーティンに時間をかけない 162
「やりたいこと」は躊躇しない 166
本は最後まで読まない 170
最新の健康法やダイエット法に惑わされない 176
「食わず嫌い」にならない 180
「規則正しく」勉強しない 184
先生は一人にこだわらない 190
おわりに 194

〈第1章〉

賢いお金持ちは、変化することをいとわない！

「人生は長い」という発想がない

日本人の平均寿命は、女性87・05歳、男性80・79歳（２０１６年）と毎年過去最高を記録する勢いで伸び続けています。最近では『ＬＩＦＥ　ＳＨＩＦＴ：１００年時代の人生戦略』（東洋経済新報社）がベストセラーとなり、多くの人が１００歳まで生きる未来が現実になろうとしています。

そこで、あなたはどう思うでしょうか。

人生は長い。まだまだ時間は残されている。
人生は短い。あっという間に時間は過ぎていく。

私がこれまで見てきたお金持ちは、圧倒的に後者が多い。時間に限りがあることを自覚しているので、何事に対しても、「やりたいとき、やれるときに、やりたいことを、

やっておこう」というスタンスで生きています。迷う時間さえもったいないと感じ、「迷っているくらいなら行動を起こすべきだ」と言うお金持ちもいます。

賢いお金持ちは、人生に対して「短気」なのです。

私自身、「人生はけっして長くない」と実感したことがあります。これまで元気でピンピンしていた父親が突然倒れて、その後わずか3カ月でこの世を去りました。父親もそれなりの年齢ですから、冷静に考えればいつ倒れてもおかしくなかったのですが、いざ倒れたという事実を突きつけられると、「人間、いつ人生が終わってしまうかわからない」と考えさせられました。

同時に、いつ自分が大きな病気を患ったり、不慮の事故に遭ったりして、今の生活が当たり前ではなくなってしまってもおかしくない、ともあらためて実感しました。身近で同年代の大切な人を失ったことがある人なら、同じような思いをしていることでしょう。

そういう体験をすると、**「やりたいとき、やれるときに、やりたいことを、やっておこう」**というモードで日々を生きるようになるものです。

賢いお金持ちは、「人生はまだまだ長いから」と言って、やりたいこと、やるべきことを先延ばしにすることはありません。「人生は短い。いつ終わるかわからない」という人生観をもっているからこそ、人生に対して短気なのです。

やりたいと思うことがあれば、とりあえずやってみる。「タイミングが来たら」「時間ができたら」といった先延ばしの言葉は出てきません。

賢いお金持ちは「どうすれば実現できるか」と考える

賢いお金持ちになれる人は、「人生は長い」という発想をしないので、「こんなビジネスをやってみたい」と思ったら、「どうすれば実現できるか」と考えます。

「今、行動しなかったら、あとで後悔するだろう」「これは人生を楽しくする絶好のチャンスだ」といった思いに駆られて動き出すのです。

彼らは「お金がないから」「時間がないから」「知識や経験を身につけてから」というような「できない理由」を探すことはありません。「いつかできたらいいな」「このアイデアは定年後までとっておこう」と思っていても、「いつか」はいつまでもやってきませんし、何十年も先の定年後に今のアイデアが通用するわけがありません。

すぐに行動できる人は、必ずしも環境が恵まれているわけではありません。資金や時間が限られた中でも、「今ある貯金の範囲内でできることは何か」「朝1時間早く起きて、新しいビジネスの準備をしよう」などと**「今できること」を見つけて、前進していきます。**

私の友人の女性は、普通の会社員として働きながらも、「大好きなパンづくりを仕事にしたい」という夢を実現するために、週末、自宅でパン教室を始めました。

最初は、友人や知人を相手にパン教室を開催。「近所で買うパンよりもおいしくできる」と評判を呼び、友人の友人、そのまた友人へと口コミで生徒が増えていき、今では生徒が50人を超えて、定期的にパン教室を開けるように。収入もOLとしての給料の額に迫り、起業を検討するほど、彼女のパン教室は軌道に乗っています。

彼女の例のように「やってみたい」という気持ちを放置することなく、すぐに行動を起こし、結果的に好きなことを仕事にしている人、会社員の給料以上に稼いで起業家として成功した人は少なくありません。

もちろん、すぐに行動したからといって、100%成功する保証はありません。失敗することもあります。しかし、「できない理由」を探して行動を先延ばしすれば、成功する確率は0%です。

やってみたいことを次々と行動に移す人と、何もせずに「将来、こんなことができたらいいなあ」と夢ばかり見ている人。どちらが将来、お金持ちになれるでしょうか。答えは、火を見るより明らかですよね。

今日は残りの人生最初の日

「やりたいことはあるけれど、年齢的に厳しい」と言う人も少なくありません。

しかし、何かを始めるのに「遅い」という言葉はありません。

私が学生時代、予備校に通っていた頃のこと。ある人気講師に、自分のテキストにサインをしてもらったことがありますが、そこには次のような言葉が添えられていました。

「今日は人生最後の日。同時に今日が残りの人生最初の日でもある」

今日が人生最後の日だと思って最善を尽くすことはもちろん大事だが、一方で、今日何か新しい行動を起こせば、過去にとらわれず、新しい人生を歩み出すことができる。つまり、人生を変えるのに手遅れということはないのです。

実際、レイ・クロックがマクドナルドを創業したのは52歳、カーネル・サンダースがフライドチキンのビジネスをスタートさせたのは65歳のときです。作家の松本清張は42歳でデビューし、82歳まで書き続けました。それこそ、平均寿命が伸びている時代ですから、50歳でも60歳でも遅くありません。行動するなら「今」です。

お金持ちになる人は、「やりたいことは必ず実行する」という習慣が身についています。一見、落ち着きがないように見えますが、矢継ぎ早に行動を起こした結果、成功を手にしているのです。

ポイント

賢いお金持ちは「できない理由」を探さない

「100%」を目指さない

「投資を始めたいんですが、何を買えばいいですか？」

あるセミナー参加者から、こんな質問を受けたことがあります。私は自分なりの投資の考え方を説明したところ、彼は「勉強になりました！」と言って笑顔で会場をあとにしました。ところが、数カ月後、今度は別の投資セミナーで彼と再会しました。投資の状況を尋ねると、こんな言葉が返ってきました。

「実は、まだ迷っているんです。先日、田口さんに教えてもらった投資先もよく検討してみたのですが、やはりリスクがあるような気がして……。もっと安全な投資先はないか、今日も探しにきました」

私は絶句せざるを得ませんでした。自分のアドバイスを聞いてもらえなかったからではありません。彼が投資の基本さえ理解していなかったからです。

投資である以上、一定のリスクがあるのは当然ですし、**絶対に安全な投資先など存在しません。**「きっと彼はこのまま投資をしないで時間ばかり経っていくのだろう」と思ったので、私もそれ以上、アドバイスすることはありませんでした。それ以来、彼とはお会いしていませんが、今も「100%安全な投資先」を探していないことを祈るばかりです。

お金持ちになれない人は、「100%」になるまで行動しません。

投資を始めるときも、投資方法や投資先の情報収集は徹底的にする。しかし、絶対にお金が増える投資先や投資法が見つかるまで動かない。100%安全な投資先などありませんし、専門家でも相場をピタリと当てるのは不可能です。結局「お金が減るのが怖い」と言って何もしない結果となります。

「起業をしたい」という夢をもっていても、事業計画の作成や収支のシミュレーションばかりしていて、何も行動を起こさない人は少なくありません。起業の計画を立ててあれこれ想像をめぐらす行為自体が楽しいのかもしれません。

数年ぶりに会った会社員の知人が、「こんなビジネスプランで起業を考えている」と、数年前とまったく同じ話をしているのを聞いて、開いた口が塞がらなかった経験もあります。

どんなことにも言えますが、100％の成功条件が整うことはありません。したがって、100％になるまで行動を起こさない人が成功することはありえないのです。

「見切り発車」で行動する

賢いお金持ちは、100％になるまで待つほどのんびりしてはいません。私の見る限り、50％の条件が揃えば行動しますし、場合によっては10％、20％でも行動する。情報収集をしながら「見切り発車」をする人が少なくありません。

投資を始めるときも、もちろん投資にリスクがあるといった最低限の知識は押さえたうえで、興味をもった金融商品をとりあえず買ってみる。もちろん、儲けることもあれば、反対に損をすることもある。しかし、実際に買ってみることで身につく知識やノウハウがあります。損をして痛い目に遭うことで、学ぶこともたくさんあります。

私のもとに相談に来る人でも、将来的に投資で成功する人は、すぐに行動を起こすので、まもなく「田口さん、実際に投資してみたらうまくいきました」といった連絡が入ります。

「起業したい」という場合でも、成功する人は、「こんなことができたらいいなあ」というビジネスアイデアが見つかれば、それに関連する書籍を購入したり、セミナーに参加したり、直接、その道のプロに話を聞きに行ったりする。そして、**今の段階でできることがあれば、実際に動いてみる。**そうこうしているうちに、事業の可能性や方向性が見えてくるものです。

短気な人であれば、「目の前にやりたいことがあるのに指をくわえて見ている」という状態に我慢できないはずです。

ポイント

賢いお金持ちは50%でも行動する

「フルモデルチェンジ」にこだわらない

賢いお金持ちは、いい意味で「気が短い」ので、即断即決し、即行動する。それはすでに述べたとおりです。

一方で、「即断即決し、即行動する」ということは、現状を変えることでもあります。現状を変えたくなければ、あえて決断や行動をする必要はありません。これまで通りに、のんびりと構えていれば、ひとまず現状維持はできます。

しかし、今よりも幸せな人生を送ろうと思えば、新しく何かを始め、現状を変える必要があります。**決断と行動には必ず変化がともなう**、というわけです。

つまり、本書のテーマである「短気」という言葉には、「変化をいとわない」という意味も含まれているのです。

変化を続けることは、これからの時代を生き抜き、お金を稼ぐために必要不可欠な要素です。

「強い者、頭の良い者が生き残るのではない。変化する者が生き残るのだ」

これは、『種の起源』で有名なダーウィンの言葉ですが、グローバル社会の現代は、かつてないスピードで社会や環境が変化しています。

20年前にグーグルやアップル、フェイスブック、アマゾンといったインターネット企業が、今のように世界中に影響力をもつ社会になると、どれだけの人が予想していたでしょうか。今、興隆を極めているビジネスモデルが10年後、20年後には通用しなくなっていてもおかしくありません。

このような変化が当たり前の社会では、個人も変化を続けていかなければ時代から取り残される結果となります。

長期間にわたってお金を稼ぎ、資産を失わないお金持ちは、変化することをいとわない。むしろ、**たえず変化を続けるからこそ、賢いお金持ちであり続けられる**、といえます。

人もビジネスもドラスティックには変わらない

「変化をいとわない」といっても、180度変える必要はありません。

たとえば、損害保険の代理店のビジネスをしている人が、いきなりエステのビジネスを始めるというのは簡単ではありません。保険代理店とエステとでは、まったく勝手が違います。成功させるには、よほどのビジネスセンスが必要かもしれません。

賢いお金持ちは、小さな変化を繰り返すのが得意です。

自動車にたとえれば、完全な新型車として開発される「フルモデルチェンジ」ではなく、一部の機能やデザインを向上させる「マイナーチェンジ」のイメージです。

損害保険の代理店であれば、時代や顧客のニーズに合わせて、生命保険や地震保険、がん保険といった別の保険を商品ラインナップに加えたり、投資信託や住宅ローンなどを扱ったりするようになる。保険や金融のベースがあるから、このようなマイナーチェンジは、あまり無理は生じません。

人間はいきなりドラスティック（抜本的）に変わることはできません。優柔不断な人が、ある日を境に急に決断力のある人に変わることはありません。常日頃から決断をする練習を積み重ねていくことによって、優柔不断というレッテルを剝がすことができる。

人は、少しずつしか変われない。賢いお金持ちは、そのことをよく理解しているので、180度何かを変えようとはしません。自分のできることから、マイナーチェンジを繰り返していきます。

ビジネスにおいても、それは同じ。自分がこれまでやってきたビジネスを少しずらしてみる。たとえば、大人向けのダンス教室を運営しているダンス講師が、ダンスが学校で必修化されたのを機に子供向けのレッスンを始めたところ、生徒数が3倍に増えたという例もあります。

これまでの人生やビジネスの延長線上に成功はある。だからこそ、今の自分が置かれた状況から変化を続けることが大切なのです。

ポイント

賢いお金持ちはマイナーチェンジを繰り返す

「過去」と「未来」にとらわれない

少しずつマイナーチェンジを続けるには、2つのポイントがあります。

ひとつは、**「過去」にとらわれないこと。**

もうひとつは、**遠い「未来」を見ないこと。**


まずは、「過去」の話からしていきましょう。

人は過去の成功体験にとらわれやすい。たしかに、短い期間であれば、これまでと同じ方法を踏襲してもうまくいきます。だから、「これまでと同じでいい」「変わらなくていいや」という発想になります。

しかし、すでに述べたように世の中はすさまじい勢いで変化しています。いつまでも過去の成功に固執していると、そのやり方は時代遅れとなり、気づいたときには時流に乗り遅れることになります。

家電企業のシャープが、液晶テレビが大ヒットしたにもかかわらず、坂道を転がるような勢いで経営不振に陥り台湾企業に買収されたのも、過去の成功体験が邪魔をしたのではないでしょうか。

投資の世界も例外ではありません。自分が過去にうまくいった投資手法をずっと引きずってしまった結果、市場の変化に対応できず、大けがにつながってしまうということはよくあります。

飲み会に行くたびに、過去の武勇伝を部下に披露し、説教をする上司には、うんざりしますよね。しかし、あなたが過去にとらわれて変化ができないようなら、同じ穴のムジナです。

「老後資金」が貯まらないのはなぜ?

一方、「未来」にとらわれるのも問題があります。

ビジネス書を読むと、「10年後、20年後の人生を思い描きましょう」などとよく書かれていることがあります。未来のビジョンを明確にすることでハッピーな人生を送れる、というわけです。

あとで述べるように、人生の「軸」となるような未来のビジョンを描くことは大切なことです。ただし、その未来が現在から遠すぎると、現状維持で終わりがち。なぜなら、今、何かを変えなくてもビジョンの達成に支障は生じないからです。

結局、「まだ時間はある」「来年から始めよう」といった言い訳に終始することになります。

たとえば、「定年の65歳のときまでに老後資金3000万円を貯めて、悠々自適な生活をしたい」といったビジョンを語る人は少なくありません。しかし、そういう人にかぎって、現時点では貯金も投資もしていない、という人が多い。

なぜなら、30歳、40歳くらいの人が老後のビジョンを描いても、実感に乏しい未来だからです。

たとえ今月、老後資金の積み立てを怠ったとしても、現時点では困ることはありません。「まだ先は長いから挽回できる」「タイミングが来たら投資で一攫千金を狙えばいい」「今は欲しいものを買ったほうが人生は楽しくなる」という発想に逃げれば済んでしまいます。

未来のビジョンが遠すぎると、「今は変わらなくてもいい」という結論に落ち着いてしまうのです。

実現可能な具体的なビジョンに落とし込む

では、変化を続ける賢いお金持ちは、どのくらい先を見ているのでしょうか。

個人差はあると思いますが、**3カ月〜1年くらい先のビジョンや目標を視野に入れながら、「現在」に全力投入しています。**

自分がこれまで携わってきたビジネスであれば、3カ月くらい先であれば見通すことができます。自分の人生も、大きな病気になったり宝くじで高額当選したりしないかぎり、3カ月先で急変することはまれでしょう。

3カ月先の未来のビジョンであれば、逆算して今月やるべきこと、今週やるべきこと、そして今日やるべきことまで落とし込めます。いつ来るかわからない将来のためではなく、着実に来る明日のために、今日やるべきことを一生懸命やる。そうすれば、ドラスティックに変化を遂げることはできなくても、着実に現状を変え、前進することができます。

将来のビジョンはないよりもあったほうがいい、というのは事実です。もし、今あなたがビジョンをもっていないなら、まずは3カ月後、どう進化していたいかを考えることから始めてみましょう。

「30分早起きして、朝型の生活を送る」
「起業の準備のために資格取得の勉強を始める」
「健康のために1駅分歩くことを習慣にする」

このように**3カ月で達成可能な具体的な目標に落とし込む**。そうすることで、モチベーションを落とさずに行動でき、人生は着実に変わり始めます。

ポイント

賢いお金持ちは3カ月先の未来を見ている

「現状維持」に満足しない

「変わる」ことが大事だと頭ではわかっていても、なかなか変われないという人も少なくありません。特に現在の状態に不満がなく、うまくいっているのであれば「現状維持でいい」と考えがちです。

しかし、社会は「現状維持」でいることを許してはくれません。なぜなら、ビジネスに携わっている人のほとんどは、

「今より売上を伸ばしたい」
「今より収入を増やしたい」
「もっと便利な社会にしたい」
「もっとお客様のニーズに応えたい」

といったモチベーションをもって日々努力をしているからです。だから、技術やビジネスモデルは急速に変化を遂げ、新しい未来を創造していきます。

そんな社会の中で「現状維持」をめざしていれば、早晩、取り残されるのは目に見えています。

ある起業家は、「下りのエスカレーターを駆け上るつもりで前進を続けて、ようやく現状維持ができる」と話していましたが、まさに、その通り。今の世の中で成功するには、せっかちなくらいに行動し、変化を続けることが求められます。

20年間メニューが変わらないラーメン店

「現状維持」を志向することは、お金持ちや成功という言葉から遠ざかるだけではありません。そもそも現状維持を続けた先に、人生の楽しみはどれほどあるでしょうか。

私の実家の近くには、20年間メニューも味も変わらないラーメン店があります。主人と奥さんの2人で切り盛りする小さな店舗で、味も悪くありません。繁盛しているとは言い難いですが、常連さんも一定数いるようで、細々とやっていけるだけの収入はあるのでしょう。

もちろん、このラーメン店にダメ出しをするつもりはありません。常連客にとっては、ほっとする変わらない味なのかもしれませんし、主人も奥さんも今の生活に不満はないのかもしれません。人の価値観や生き方はそれぞれですから否定するつもりはありません。

ただ、私がこのラーメン店の主人だったら、同じメニュー、同じ味のラーメンを出し続けることに喜びを見出すことはむずかしい、というのも事実です。実際、私の目には、主人と奥さんがイキイキと働いているように見えませんでした。生活するために仕方なくやっている。そんな雰囲気が漂っているように感じます。

やはり、せっかくラーメンをつくっているのであれば、さらに調理法を研究して、もっとおいしいラーメンの味を追究したいですし、お客様をあっと言わせる新メニューも開発したい。

今の店舗だけではなく、東京や海外にも支店を出して、もっと多くの人にラーメンを食べてもらいたい。そして、「おいしかったよ」と笑顔で言ってもらいたい。結果的に、多くの従業員と一緒に自分も成長でき、私自身の収入も増える。私だったら、そう考えると思います。

本書を読んでいる人は、おそらく現状維持ではなく、私と同じように変化を求めるのではないでしょうか。

小さな成功体験が「変化」への免疫をつくる

「変わる」ことは楽ではありません。変わることに対して、「大変だ」「面倒くさい」などマイナスイメージをもつ人も多いでしょう。実際、現状維持のほうが楽に感じるのも事実です。

しかし、賢いお金持ちは変わり続けることを楽しんでいます。

なぜなら、変わることによって得られる喜びを知っているからです。自分が進化し、成長すること。そして、収入アップなどの成果を得られる。自分で変わる経験をしなければ、「変わる」ことに対するマイナスイメージを払拭することはできません。

変わることに対して「面倒くさい」というイメージをもっているなら、**まずは小さな成功体験を積み重ねる**ことが重要です。

たとえば、「規則正しい健康的な生活をしたい」とは誰もが思っているはず。それなら、「いつもより30分早く就寝する」といった、少し頑張れば達成できるような目標を立てて、実際に3日間ほど続けてみる。あるいは「駅のエスカレーターを使わずに、階段を使う」という目標を立てて3日間続けてみる。

ささいな目標かもしれませんが、達成することで、少しでも自分がポジティブな方向に成長できれば、大きな充実感が得られます。

お金持ちになれるような**大きな変化も、こうした小さな変化の延長線上にあります。**

賢いお金持ちになりたいなら、まずは小さな変化を楽しめるようになりましょう。

ポイント

賢いお金持ちは、自分の成長に喜びを見出す

「直線」の人生を歩まない

「変わり続けることが大事」といっても、ただ変わればいいというわけではありません。何の指針もなしに変わり続けていたら、朝令暮改のように考えや意見がころころ変わる、日和見主義で自分の都合のよいほうにすぐなびく、といったマイナスの印象をもたれてしまいます。

長年勝ち続ける投資家は社会や環境の変化に合わせて、ときにこれまでの投資ノウハウを捨てて、新しいノウハウに乗り換えることがあります。優秀な経営者にも、実は朝令暮改で組織を引っ張る人が少なくありません。

しかし、ころころと変わっているように見えて、生き方の「軸」の部分は変わっていません。投資家なら「安定的に資産を増やすこと」、経営者なら「お客様のニーズに応えること」という方向性（目的、ビジョン）は、1ミリもぶれていません。

賢いお金持ちにとって、朝令暮改は、目的やビジョンを達成するためのプロセスにすぎません。

たとえば、投資に成功している人の中には、ずっと同じ金融商品や投資ノウハウ一筋で儲け続けている、という人は意外と多くありません。

私の知っている優秀な投資家は、最初は株式を短期売買する方法（デイトレード）で利益を出していました。

ところが、ずっとパソコンのモニターの前に張り付いていなければならないデイトレードは、心身のストレスが大きく、自分に向いていないと痛感し、ある時期から長く株式を所有する長期投資に切り替えました。さらに、彼は株式投資に限らず、ＦＸ（外国為替証拠金取引）や不動産投資でも成果を出し、順調に資産を増やしています。

彼が成功したポイントは、投資のための手段はころころと変わったけれど、**「安定的に資産を増やすこと」という軸はぶれなかったこと**。投資環境に応じて手段を変えることができたからこそ、彼は投資家として成功できたのです。

一方、投資で失敗する人は、ひとつの手法にこだわりすぎる傾向があります。とくに過去の成功体験があると、「この投資法がいちばん」という考えに凝り固まってしまう。たとえば不動産投資で一時期稼げたとしても、相場が下落傾向になれば、投資環境は一変します。そのまま不動産投資にこだわれば、資産を減らすことになります。

成功には、紆余曲折がつきもの。賢いお金持ちになる過程では、目指すべき方向に向けて、まっすぐな一本道を直線的に前進できるとはかぎりません。分かれ道を前にして、どの道を選ぶか迷い、ときに道に迷いながら、目指すべき方向に向けて一歩ずつ歩んでいくものです。

だからこそ、変わり続けることが大切なのです。

あなたの「軸」は何か？

賢いお金持ちは、いくらマイナーチェンジを繰り返しても、進むべき方角を誤ることはありません。

目指すべき方向を見失わないためには、背骨となる「軸」をしっかりともつことです。

「自分はどこへ向かおうとしているのか」

「自分がいちばん大事にしていることは何なのか」

もし自分の中に答えがないなら、これらを明確にしなければなりません。「現在のビジネスで業界ナンバーワンをめざす」という人生の軸と、「家族との時間を最優先する人生をめざす」という軸とでは、そのプロセスは大きく異なってくるはずです。

「軸」が定まらないまま「朝令暮改」をしていれば、元のことわざの意味通りに「ころころ変わって信頼できない人」という評価を受けることになります。

軸がないまま、まわりに流される人生では、その他大勢に埋もれてしまい、賢いお金持ちにはなれません。しかし、**自分の軸を明確にし、自らそれに向かって歩みを進める人は、賢いお金持ちになることができます。**

ポイント

賢いお金持ちは「軸」がぶれない

〈第2章〉賢いお金持ちは、気が短い

「損切り」を恐れない

投資で成功している人といえども、神様ではありません。見事勝つこともあれば、予測が外れて負けることもあります。百発百中などありえない話です。

それでも、長い間、市場から退場することなく、資産を増やしつづけている賢いお金持ちがいます。一方で、投資で大きな損失を出して、あえなく市場から撤退していく人もいます。

その差は、どこにあるのでしょうか。

賢いお金持ちは、見切りが速い。自分の予想に反して株価が下がってしまったら、早々に見切りをつけて売却します。

損が生じている投資商品を見切り売りして損失額を確定することを「損切り」と言いますが、その判断がずば抜けて早いのです。

資産を減らしてしまう投資家は、「損切り」が苦手です。

当たり前ですが、投資家は「この銘柄は上昇するだろう」と見込んで株を購入します。ところが、自分の思惑とは逆の方向に株価が値下がりしていくことがあります。最初は「まだまだ大丈夫。想定内だ」と言って静観していますが、さらに値下がりが続くと、現実を直視するのが怖くなり、株価を見ることさえしません。あるいは、値下がりしている事実を認めず、「今はちょっと下がっているけれど、もう少しすれば元に戻る」と根拠なく楽観視するタイプもいます。こうして結局は損を確定することができず、「塩漬け」の状態になってしまうのです。

私自身も昔、「塩漬け」を経験したことがあります。

投資を始めた当初は「増やそう」という気持ちが強く、少しでも株価が下がると、そのたびに「どうしよう……」と動揺しました。投資家なら誰もがお金を減らしたくないので、株価の動きに一喜一憂してしまうのです。だから、値下がりしているときも、頭では早めに売ってしまったほうがいいとわかっていても、損を出したくないのでなかなか見切ることができませんでした。

このときの私と同じように、多くの投資家が損切りに躊躇してしまう。その結果、株式市場から撤退していくのです。

○「2勝8敗」でも利益を出せる理由

賢いお金持ちは、株価の動きが自分の思惑と逆だったとき、「今回は判断を間違っていた」と割り切るのが早い。そして損切りをして、早々に損失を確定します。しかし、早めに決断するので大ケガをすることはありません。かすり傷程度の損失なので、仕切り直しができます。

彼らは、**トータルで利益を出すことをめざしている**ので、あまり勝率にはこだわりません。

勝率2割、つまり10戦中2回勝ち、8回負けたとしても、全体で儲かっていれば良しとします。たとえ8回負けたとしても、損切りして負けを最小限にしているので、残りの2勝の利益がそれらの損失を上回れば問題ない、というわけです。もちろん、勝率が上がれば、そのぶん、利益は大きくなります。

一方、お金を減らしてしまう投資家は、「損したくない」という気持ちが強いため、勝率10割をめざしがち。しかし、そもそも全戦全勝など無理ですし、損切りができないので、勝率は高くてもトータルで見ると、損をしているケースが少なくありません。たとえば、8勝2敗の戦績だったとしても、2回の負けで大きく損失を出してしまったら、8回の勝ちもムダになってしまいます。

賢いお金持ちになりたければ、早めに見切ることが重要です。

投資で成功している人と話していると、やはりほぼ全員が「損切り」を重視しています。なかには「損切りさえ確実にできれば、投資で儲けるのはそれほど難しくはない」と豪語する人もいます。

損切りするコツは、撤退のルールを決めること。

たとえば、「10%値下がりしたら機械的に売却する」とルールを決めておく。そうすれば、迷うことはなくなります。

それでも損を出すことに抵抗があるなら、一定の額になったら自動的に売買する証券会社の機能を活用する。意思が弱い人は、そのくらいの強制力がないと、損切りを徹底できないかもしれません。

大きな投資をすると見切るのが難しくなる

投資にかぎらず、ビジネスでも見切りをつける能力は大切です。

ある起業家は、会社を辞めてマッサージ店を開業しました。開業に要した費用は、600万円。一等地に店舗を借りて、施術室を改装。受付のアルバイトを雇い、ホームページも業者に発注しました。貯金はほとんど使いきってしまいました。

ところが、店舗をオープンしても、思ったほどお客様が入らない。認知度が足りないからだと考え、広告やチラシも打ちましたが、状況はあまり変わりませんでした。

結局、金融機関から借金をしながら8カ月間奮闘しましたが、あえなく店を閉めることに。その起業家は、借金を返すためにアルバイトに精を出す日々です。

ビジネスの内容は別にして、彼のやり方には2つの問題点がありました。

ひとつは、途中で見切りをつけられなかったこと。

いったんビジネスを始めてしまうと、たとえうまくいかなくてもなかなか「やめる」

という判断ができません。事業に投下した資金や労力のうち、事業の撤退によっても戻ってこない資金や労力のことを「サンクコスト」（埋没費用）と言いますが、投下した費用が惜しく感じてしまい、撤退の判断を鈍らせるのです。

もうひとつは、最初から大きな投資をしてしまったこと。

脱サラをし、なおかつ開業で資金のほとんどを使い果たしてしまえば、撤退しようと思っても踏ん切りがつきません。このビジネスが失敗すると、失うものが大きすぎるからです。

賢くお金を稼いでいる起業家は、ビジネスを小さくスタートさせます。つぎ込む資金や労力が小さければ、いざというとき撤退する決断もしやすいからです。

先の起業家の例であれば、会社を辞めずに、副業として就業時間外や休日だけ営業するという手もあったでしょう。また、店舗を借りたりしなくても、最初は自宅の一部を施術室にしたり、こちらから出張するという営業形態も考えられたはず。最初から立派なホームページをつくらなくても、まずはブログやSNSで様子を見るという選択肢もあったでしょう。

投資と同じで、ビジネスも百発百中はありません。どんなに偉大な経営者でも、小さな失敗をたくさん繰り返しています。

ビジネスで成功している賢いお金持ちは、まずは小さく始めて、うまくいかなかったら撤退する。その中から有望なビジネスを育てていきます。

すばやく「見切る」のは、精神的な苦痛をともなうことが多い。だからこそ、「撤退のルールを決めておく」「小さく始める」といった工夫が必要になるのです。

ポイント

賢いお金持ちは、全戦全勝をめざさない

勝負どころでブレーキを踏まない

イギリスのEU離脱やトランプ大統領の誕生など、近年、世界の国々に影響を与えるような出来事が立て続けに起きています。それに大きく反応するのが、株式市場です。日本の株式市場も、EU離脱やトランプ大統領が決まった直後は、日経平均が大きく値下がりしました。

投資で成功している人は、このような世の中の大きな変わり目を見逃すことはありません。私のまわりのお金持ちも、日経平均が大きく下落した直後、株式を購入しています。

ご存知のとおり、EU離脱やトランプ大統領の決定直後は、大きく株価は下がりましたが、やがて市場が落ち着きを取り戻すと、株価は上昇基調となり、結局、下落前よりも値上がりしました。

つまり、結果から言うと、市場がパニックになって株価が下落しているときに、株式

を購入した人は、値上がり益を得ることができたのです。

○賢いお金持ちは天邪鬼

株式投資で成功する秘訣は、株価が安いときに買って、株価が高いときに売ること。これは、どんな投資の入門書にも書いてある常識中の常識です。だから、株価が大幅に下がったときこそ勝負どころだと、すべての投資家が頭では理解しているはずですが、これをセオリー通りに実践するのは実にむずかしい。

株価が大きく下落したとき、だいたいの投資家は恐怖心にかられます。日経平均が大幅下落するようなとき、ほとんどの株式が値を下げます。保有している株式がどんどん値下がりしていけば、「どこまで下がるんだろう……。このままでは大損することになる」と不安になっていきます。

すると、値下がりする恐怖に耐えられない投資家は、たまらず売却に走り、株式相場はさらに落ち込んでいく。このような悪循環に陥ると、やがてパニック売りが起き、大幅に下落する結果となります。

つまり、大半の投資家は、大幅な下落局面では株式を売ることはしても、買うことはできません。しかし、大幅に株価が一時下落しても、リーマン・ショック級のマイナス材料でないかぎりは、やがて株価は回復してきます。パニック売りによって、必要以上に株が売られている可能性が高いからです。

たとえば、トランプ大統領の誕生はアメリカだけでなく、世界に大きなインパクトを与えることは変わりありませんが、アメリカが破滅するような政策ばかり実行するわけがありませんし、時間が経てば国民や投資家も冷静さを取り戻すはずです。実際、しばらくしてから株価は上昇し始め、アメリカのダウ工業平均株価は、史上初めて2万ドルを突破しました。

そのような状況になって、大半の投資家が後悔するのです。

「あわてて売らなければよかった。むしろ、下がったときに買い増すべきだった」と。

しかし、その事実に気づいても後の祭りです。

投資で成功している人は、世間一般の人と逆の行動をとります。みんなが株を売って価格が下がっているときにお得な価格で買っておく。反対に、みんなが株を買っていてどんどん価格が上がっているときに所有している株を手放す。ある意味、天邪鬼ともいえます。

賢いお金持ちは、チャンスと見るやアクセルを踏む

株式市場が大幅に下落する局面で、動じずに買い増すことができる賢い投資家は、あわてて株を売って損をする残念な投資家と何が違うのでしょうか。

いちばんの違いは、勝負どころとなるチャンスをすばやく察知し、即断即決する力です。

成功する人は、**株式投資において「ピンチはチャンス」**と心得ているため、大幅な下落局面がやってきたら、「待ってました」とばかりに前のめり気味に次々と手を打つ。手ぐすねを引いてチャンスを待っているので、いざその機会がやってきたら、せっかちで、気が短く見えるほどに行動力を発揮します。

ビジネスにおいても成功する人は、チャンスと見るや、せっかちなくらいに矢継ぎ早に行動を起こし、アクセル全開でやり抜きます。

まわりから見ると、成功するかわからない状況の中をアクセル全開で走り続けることは危なっかしく感じるのですが、成功者にとっては、「ここはアクセルを踏まなければいけない勝負どころ」です。だから、迷いがありません。

かつてアフィリエイトビジネスの黎明期に、時間と資金をアフィリエイトビジネスに集中させてミリオネアになった人が何人もいました。

多くの人が「アフィリエイトって本当に儲かるのだろうか」「もう少し情報収集をしてから始めても遅くないだろう」と参入に二の足を踏んでいるうちに、アフィリエイト市場は飽和状態に。ある時期を過ぎてからは、新規参入してもお小遣い程度しか稼げなくなってしまったのです。アフィリエイトにかぎらず、**ビジネスでは気が短く、「まずはやってみよう」と発想する人のほうが、チャンスをものにします。**

○ チャンスは誰にでも平等に降ってくる

チャンスはどんな人にでも平等にやってきます。

お金持ちになれない人は、「僕にはまだチャンスがめぐってこない」と愚痴り、「これからチャンスが降ってくるはずだ」とうそぶきます。

しかし、そういう人にかぎって、チャンスが目の前にあってもつかみとることができません。たとえチャンスが目の前にあると気づいていても、「今はそのときではない」とブレーキをかけてしまいます。

投資で成功する人が、限られた一部の人しか知らない極秘情報をもっているわけではりません。私のまわりで成功している投資家も、情報に対する感度は高くても、特別な情報を得られる立場にいる人はいません。

彼らは、世間一般の人が「今は株式市場が好調なので投資したほうがいい」と言い始めたときは市場から撤退すべきときで、「今は市場が下がっていて危ないから投資するタイミングではない」と騒ぎ始めたときこそ投資のタイミングだと心得ています。そうした世の中の流れや市場の動きを察知したら、すばやく行動に移す。それを徹底しているだけです。

株式投資においても、1年に1~2度はEU離脱やトランプ大統領誕生に匹敵するようなチャンスがやってくる。日経平均が怖いくらいに下落するときが必ずあります。平等にチャンスは降ってきているのに、まわりに流されてチャンスを棒に振ってしまいます。一方で、**投資で成功する人は、「チャンスは必ずやってくる」と信じている。**だから、いざというときでも、ひるむことなく、とるべき行動をとり、大きな利益を得ることができるのです。

「幸運の女神には前髪しかない」ということわざがあります。チャンスの女神には前髪しかないため、通り過ぎたあとに、あわてて後ろ髪をつかもうとしてもうまくいかない、というわけです。

賢いお金持ちは、気が短いので前髪が見えた時点で、すでに手を伸ばしているのです。

ポイント

賢いお金持ちは、確実にチャンスをつかみとる

タイミングを計らない

賢いお金持ちは、自分がいいと思ったら、タイミングを計らずにすぐに行動するという一面をもっています。

前項で「賢いお金持ちは勝負どころのタイミングを逃さない」という話をしたので矛盾するように感じるかもしれませんが、ここでは長期投資の話をします。

短いスパンで考えれば、大きく値下がりしたときに株を購入して、値上がりしたときに売却するのが株式投資のセオリーです。だから、タイミングよく勝負をかけることが大切です。ただし、長期間、株をもつ長期投資の場合は、短期間の株価の上下はあまり関係ありません。資産運用の結果、10年後、20年後に利益が出ていることが重要だからです。

資産運用の原則をいえば、**投資期間は長いほど有利です**。資本主義の社会が続くかぎり、人々は経済の拡大を志向するからです。実際、市場は成長し続けています。先ほど

述べたようにアメリカのダウ工業平均株価は、2017年、史上初めて2万ドルを突破しました。日経平均もどの時期を切り取るかによって結果は異なりますが、基本的に短期間の投資よりも、長期間の投資のほうが利益は出やすいのは事実です。

こうした原則を踏まえた投資法のひとつが、積立投資です。

講演会やセミナーなどで「資産運用をしたい」「老後資金を貯めたい」という相談を受けることがありますが、このとき私は積立投資をすすめています。実際、私自身も積立投資で資産を着実に増やしています。

私がおすすめする積立投資は、毎月一定額ずつ積み立てて投資信託を購入する方法です。購入する投資信託は、日経平均やダウ工業平均など世界の市場に連動した商品です。そのため、先述した経済は拡大し続けるという資本主義のメリットを享受することができます。

そのほかにも、積立投資のメリットは2つあります。

ひとつは、金融商品を一度に購入せず、資金を分割して均等額ずつ投資できることです。このような定額購入法のことを**「ドルコスト平均法」**といいます。

投資の専門書ではないのでくわしいことは省きますが、この手法がすぐれているのは、金融商品の価格が安いときは多く、価格が高いときには少なく買いつけるため、結果的に平均購入単価を抑えることができるという点です。価格が高いときにいっぺんに購入して後悔する、という事態は防げます。

もうひとつのメリットは、**「複利効果」**を享受できること。

「複利効果」とは、元金によって生じた利子を次期の元金に組み入れることを言いますが、複利があるかどうかで、資産運用の結果は大きく変わってきます。

たとえば、あなたが毎月5万円ずつ貯金をしたとします。期間が20年だとすれば、金額は1200万円（5万円×12カ月×20年）です。

このとき、積立投資で年7％の利回りで運用したらどうなるでしょうか。

詳しい計算式は省略しますが、複利効果が働くと、20年後には約2600万円になります。

さらに、積立期間が30年だった場合は、どうでしょうか。

単純に貯金をすれば1800万円（5万円×12カ月×30年）です。ところが、積立投資によって年7％で30年運用すれば、約6000万円の資産額になります。

びっくりですよね。

積み立てた金額は1200万円と1800万円とで600万円しか違わないのに、複利効果によって3400万円もの差が開いてしまうのです。

このように積立投資をするなら、早いほうが有利であることは間違いありません。

タイミングをうかがっているうちに手遅れになる

このような知識を学ぶと、勘のいい人はすぐに積立投資を始めます。そうして、自動的に積立額が口座から天引きされる設定にしておければ、毎月着実に積み立てることができます。

一方で、同じような説明をしても、今はタイミングではないと言って、行動に移さない人がいます。

ある人は「もっと株価が下がってから始めたほうが有利だ」と、投資のタイミングをうかがっている。たしかに下がっているときのほうが有利なのはたしかですが、長期で運用するのであれば、わずかな価格を気にするよりも、早く積立投資を始めたほうが結果的に効果は大きいのです。

またある人は、「今は積み立てに回せる資金がない。だから、まずは家計の見直しから始める」と言い出します。

しかし、金融機関によっても異なりますが、月々1000円から始められる積立投資もあります。飲み会を1回我慢すれば、3000円、5000円くらいはすぐに捻出できるのではないでしょうか。

このように決断を先延ばしにするタイプの人は、さまざまな「できない理由」を探してきて、結局行動を起こしません。**老後に備えて本気で資産を増やしたいと考えているなら、すぐにでも手を打つ必要があります。**タイミングを計っているうちに、10年、20年経ってしまったらシャレになりません。

ポイント

賢いお金持ちは、長期運用のメリットを理解している

最初から1つの手段にしぼらない

仕事にも向き不向きがあるように、投資手法にも向き不向きがあります。

たとえば私の場合、先述したように現在は長期の積立投資が中心ですが、そこにたどりつくまでには紆余曲折がありました。

投資を始めたばかりの頃は、日本の個別株式や外国株式、外貨建ての金融商品、外国の不動産、ＦＸなどさまざまな金融商品に手を出してきました。投資法についても、１日に何度も売買するデイトレード、会社の決算データなどに基づいて投資するファンダメンタル分析、株価の過去の値動きパターンから将来の値動きを予想するテクニカル分析など、短期間でいろいろと試してきました。

しかし、いずれも私には向いていませんでした。たとえば、日本株の個別銘柄に投資していた時期がありましたが、株をもっている間、株価が気になってしかたがないのです。新聞やネットニュースにその企業のニュースが出ていれば読みふけってしまいます

し、株式市場が開いている昼間は、別の仕事をしているのに、携帯電話で値動きを追ってしまう。それこそ、1分ごとに株価をチェックするような勢いでした。

「正常な判断」を失うとお金も失う

常に株価が気になっていると、正常な判断が失われます。

たとえば、ある企業の株をもっているときに、決算の売上高を大幅に下方修正するというニュースが報じられたりすると、値動きが気になってしかたがない。一日中株式チャートにくぎ付けになってしまううえに、ニュースだけでなく匿名の掲示板に書き込まれるような不確かな情報も収集してしまいます。

株価が気になっているときに入ってくるネガティブな情報に対して、敏感に反応してしまうので、どんどん不安な気持ちになっていきます。そして「このままでは大損してしまうのではないか……」と恐怖を覚え、ちょっとしたパニック状態に。そのような投資家はたくさんいるので、株価はますます下がっていきます。結局、損する恐怖に負けて、大幅に下がったところで株を投げ売りしてしまいます。

しかし、会社の存続が危ぶまれるような事態でなければ、やがて株価は反転して持ち直すケースが多い。**「株の価値以上に売られすぎ」と冷静に判断できる投資家が、安くなった株を購入し、利益を手にすることになります。**

私自身も、何度か同じような失敗をしたことがあります。頭の中では今は売るときではなく、むしろ買い増すタイミングだとわかっていても、パニックになって正常な判断ができない状態になると、逆の行動をとってしまうのです。

私は、個別株式だけでなく、外貨建ての金融商品やＦＸでも、冷静に判断できないという経験をしました。

特にＦＸのようにレバレッジ（少ない資金で大きな取引をすること）を利かせて取引していると、為替が１円動くだけで、激しく値が動きます。自分が予想する方向と逆に値が動けば資金がゼロになる可能性もありますから、為替の変動が気になってしかたがない。チャートの前に張りついて、ろくに寝られないような夜もありました。まるで荒波に揺られて船酔いをしている気分です。そうなると、正常な判断などできません。何度も失敗しました。

○最初にいろいろと試してから絞る

私は、短期間のうちにこのような苦い経験を何度かして、大きな気づきを得ることとなりました。

「値動きが気になるような金融商品や投資法は向いていない」

そうして、私は「長期の積立投資」という現在のスタンスにたどり着きました。先述したように毎月一定額を積み立てて、長期間にわたって投資信託を購入するのが前提なので、短期で売買する必要はありません。月単位で資産状況をチェックすることはありますが、ほったらかしと言える状態です。

もちろん、長期の積立投資が万人にとって理想の投資法と言い切ることはできません。投資である以上、資産が減ることはありますし、積極的に売買しないスタイルが性に合わないという人もいます。私とは正反対にデイトレードやFXのように頻繁に売買を繰り返す金融商品や投資法のほうが向いている、という人がいるのも事実です。

どの金融商品や投資法が正解なのか。それは、投資家が100人いれば100通りの正解があります。

最も大事なことは、自分に向いている金融商品や投資法を早めに見つけること。

私にとっての「長期の積立投資」のような存在を早く見つけることができれば、ストレスなく資産運用ができます。投資で成功している人は、自分の勝ちパターンをもっています。それを見つけられるかどうかが、長期間にわたって勝ち続ける秘訣です。

そのためにも、最初からひとつの金融商品や投資法に絞らずに、いろいろと試してみることが大切です。賢いお金持ちは、気が短いほどに次から次へと金融商品や投資法を乗り換えて、自分の性格やライフスタイルに向いているものを見つけ、必勝パターンを確立していきます。

最初は短期間でいろいろと試してみて、その中からいちばん相性のよいものをひとつに絞る。そして、決めたら腰を据えて長く続ける。これが賢いお金持ちに共通している成功パターンなのです。

ポイント

賢いお金持ちは、自分に相性のよい金融商品や投資法を知っている

「心臓がバクバク」するようなリスクはとらない

投資にも相性があります。

投資をやっているけれど、うまくいっていないという人は、まだ自分に相性がよい金融商品や投資法にめぐり合っていないだけかもしれません。現在やっている投資に固執することなく、別の金融商品や投資法を試してみることで、突破口が開ける可能性があります。

幸いなことに金融商品の多くは、投資を始めるにあたってのハードルは高くありません。昔は個別の株式を買うのにも数十万、数百万円のまとまった資金が必要でしたが、今は最低投資金額が大幅に下がり、敷居が低くなっています。

個別株式でも１００円単位、１０００円単位で取引できる銘柄はありますし、投資信託もたくさんの種類がありますし、１０００円くらいから購入できるものある。ＦＸもレバレッジを利かせすぎなければ、大きなリスクなく取引できます。外国の株式や債券

も気軽に取引できます。

巨額な資金が必要というイメージのある不動産取引でさえ、不動産投資信託（REIT）のしくみを使えば、最低10万円くらいで間接的に不動産に投資できます。

興味をもった金融商品があれば、「やってみようかな」という気持ちが消えないうちに始めてみることをおすすめします。余裕資金の中で投資すれば、万一失敗してもダメージは大きくありません。よほどのことがなければ、投資したお金が0円になることもありません。

まずは少額であっても、実際に自分のお金を投資してみないと、その金融商品が自分に合っているかどうかはわかりません。

実際に試してみて、自分に合っているようだったら、少し投資する金額を増やしてみる。逆に合わないようだったら、早々に見切りをつけて資金を引き上げる。そうして自分に合ったものだけを残していきます。

投資で成功している人は、ドーンと大勝負しているように見えても、最初のうちは少額からいろいろと試しているはず。その結果「これぞ」と思ったものにアクセル全開で投資をしているものです。

○投資のリスクを肌感覚で体験する

これから投資を始めようと考えている人は、ぜひさまざまな金融商品や投資法を試してみてください。自分に合っているかどうかは、実際に体験してみないと肌感覚ではわからないものです。

投資初心者向けにセミナーや講演などをするとき、リスクとリターンの関係の話をします。資金が減るリスクが低い金融商品は、そのぶん返ってくるリターンも低い。逆に資金が減るリスクが高い金融商品は、返ってくるリターンが大きくなる可能性が高い、といった投資の原理原則について説明します。

そのうえで参加者に「あなたはリスクをとりたいですか？　それともリスクをあまりとりたくないですか？」と尋ねる。すると、リスクをとってでもリターンを多く得たいという人が一定数います。その参加者に対して、「いざ資金が減っても大丈夫ということですね？」と念を押すと、「大丈夫です！」と力強く答えてくれます。

投資を始める前は、ほとんどの人が「お金を増やそう」とポジティブな気持ちになっているので、どうしても減るリスクよりも、リターンのほうに目が向いてしまう。だから、「たとえ減っても大丈夫」と前向きに構えていられます。

しかし、いざ投資をして資金が減ってしまうと、大きく動揺してしまう人が少なくありません。頭で考えていることと、実際に体験したときの感覚は大きく違います。

だからこそ、少額からいろいろな金融商品を試してみて、「これだけ激しく動くと心臓がドキドキして、正常な判断ができなくなる」、反対に「このくらいのリスクであれば、動揺することなく取引ができる」といった感覚をつかむことが大事になります。

賢いお金持ちは、心が揺さぶられずに、正常な判断ができる範囲で投資をしている。だからこそ、パニック売りするようなことはなく、勝負どころのタイミングを逃すこともないのです。

ポイント

賢いお金持ちは、「リスクとリターン」との距離感をつかんでいる

苦手なことに自分の時間を奪われない

投資を始めた途端、どっぷりとのめり込む人がいます。もちろん、投資をする際に必要不可欠な知識はあるので、それらを学ぶことは大切です。しかし、**必要以上に投資の情報収集や勉強に時間を費やしてしまうのは本末転倒です。**

ある会社員の男性は、個別銘柄への株式投資を始めるやいなや、儲かる投資先を探そうと企業研究に没頭。仕事中も株価が気になってしかたなくなり、本来すべき仕事に手がつかなくなってしまいました。また、彼はキャリアアップのために資格試験にチャレンジしようとしていたのですが、投資の研究のほうに時間をとられ、資格の勉強は完全にストップしてしまいました。

そんな彼に修羅場が訪れます。2008年に起きたリーマン・ショックによって株式市場は大混乱。彼が保有していた株も大きく値を下げることに。結局、投資を始めたときよりも元手を減らす結果となりました。

しかも、リーマン・ショックの影響で、彼が働いている会社の業績も急激に悪化。彼はリストラの対象になり職を失いました。

「キャリアアップのために仕事と資格の勉強をしっかりやっておけばよかった」と後悔したのは言うまでもありません。

自分が本来すべきことは何か？

投資にどっぷりのめり込んで、大切なものを失ってしまう人は少なくありません。

投資はあくまでも「将来の老後資金を貯める」「効率的に余裕資金をつくる」ための手段でしかありません。投資することを目的にしてもいいのは、投資を生業としている金融のプロフェッショナルだけです。

いくら一般の人が投資の研究をしても、情報の量や質の面でプロに勝つことはできません。プロでない時点で、不利な立場にあります。そもそも金融のプロであっても、勝ち続けられる人はほんの一握り。金融のプロであるファンドマネジャーの運用成績は、まったく投資の知識がない人が適当に選んだ場合の運用成績と大差ない、といった話もあるくらいです。

それであれば、一般の人は投資に時間をかけるよりも、自分の本来の仕事、やりたいと思っていることに時間を費やしたほうが賢いでしょう。

たとえば、プロが運用する投資信託を買って、運用は任せてしまう。もちろん、どの投資信託を選ぶかは慎重に検討する必要がありますが、これと決めたら、あとは任せて自分の仕事や人生のために時間を使うのです。

人生は長いようで短い。だからこそ、賢いお金持ちは、どの銘柄を買うか検討することに時間を延々と費やすことはしません。**専門的な判断はプロに任せて、自分自身が判断しなければならないことに時間を充てているのです。**

自分がすべき仕事に集中する

これは投資にかぎった話ではありません。ビジネスで成功する人は、自分ですべきことと、他人に任せることを明確に分けています。

たとえば、広告関連の事業を始めたある起業家は、画期的なアイデアやビジネスプランを提案できる発想力が自分の強みだと認識していたので、苦手としている経理や営業の仕事は、ビジネスパートナーに丸投げしました。

役割分担をはっきりさせたため、得意なクリエイティブな仕事に集中でき、事業は短期間で軌道に乗りました。

優秀な起業家は、自分がやるべきことを自覚しています。ビジネスで英語が必要になったからといって、イチから苦手な英語を勉強することはない。それよりも通訳をしてくれるプロの人を頼り、自分は本来の仕事に集中します。

賢いお金持ちは、自分がやったほうがうまくいくことはスピーディーに判断を下し、他人がやったほうがうまくいくことは、躊躇することなく他人に任せるのです。

ポイント

賢いお金持ちは、「餅は餅屋である」と心得ている

「夢」が漠然としていない

私のセミナーや講演会にいらっしゃる人の中には、「お金持ちになるのが夢なんです」「田口さんのようにお金に困らないライフスタイルを実現したい」という人が多くいます。

そんな人たちに、「お金持ちになるには、どのくらいの金額が必要ですか？」と尋ねると、ほとんどの人が「えっ？」という顔をします。

つまり、具体的なお金持ちのイメージが固まっていないのです。「1億とか、2億とか貯金があれば……」「大きな一軒家に住めるようになったら……」などと答えるのがやっとです。

仮に1億円貯まったとしても、ブランドものが好きで金遣いの荒い人であれば、あっという間になくなってしまいます。

反対に贅沢をしなくても幸せを感じる人であれば、もしかしたら1億円も必要ないか

もしれない。それこそ3000万円の貯金があれば、十分に幸せに暮らせるのかもしれません。

お金持ちといえば「大きな一軒家」というイメージをもっている人が少なくありませんが、実際、**お金持ちがみんな一軒家に住んでいるわけではありません。**住む場所に縛られたくないお金持ちは賃貸で暮らしていますし、日本の家は賃貸にして、海外の別荘で暮らすことに幸せを感じているお金持ちもいます。

そもそも大きな一軒家さえ手に入れば幸せでしょうか。

結婚せずに独身のまま一人で大きな家に住んだところで、宝の持ち腐れと言えなくもありません。もちろん価値観は人それぞれですが、ひとつだけ確実に言えることがあります。

それは、100人いれば100通りの幸せがあり、それを実現するために必要なお金の額は変わってくる、ということです。

○ お金持ちになって何を買いたいか？

「お金持ちになりたい」という夢をもっていても、イメージが漠然としていたら、それを実現するプロセスが見えてきません。

いくら貯めればいいか、どんな生活を実現したいか、具体的なものが見えなければ、いつまでも夢を叶えることはできないのです。

本当にお金持ちになりたいなら、まずは**「お金持ちになって、何がしたいか」を明確にすることが必要です。**

私の友人が、ある投資セミナーに出席したとき、「僕はお金持ちになって不自由のない生活をしたいのですが、どうすればいいですか？」と質問しました。

すると、逆にこう質問されたそうです。

「お金持ちになって何を買いたいのですか？」

お金持ちの具体的なイメージがはっきりしていなければ、答えようがないというわけです。そこで、友人は、お金持ちになって買いたいものを挙げていきましたが、20個ほど出したところで、買いたいものがなくなってしまいました。

するとセミナー講師は、こう言いました。

「それを全部買ってもせいぜい5000万円くらいですよね？　ということは、5000万円を貯めれば、あなたはお金持ちになれますね」

「お金持ちになりたい」という夢をもっている人でも、100個、200個書き出すことは、まずできません。

多くの人はお金持ちになるには、何十億円、何百億円の資産が必要だとなんとなくイメージしていますが、実は、あなたが手に入れたいものをすべて買っても、それほどの資産は必要のないケースがほとんどです。

お金持ちの定義はひとつではない

私のまわりにいる賢いお金持ちは、億万長者ばかりではありません。数千万円の資産で幸せに暮らしている人もたくさんいます。

彼らは、うなるほどの資産がなくても、お金に不自由やストレスを感じることなく幸せな気持ちでいられます。

飛行機で移動するときはファーストクラスでなければ満足できないというお金持ちもいれば、ＬＣＣ（格安航空会社）でもまったくストレスを感じない、というお金持ちも実際に存在します。

お金持ちの定義や価値観は、一人ひとり違うのです。

賢いお金持ちは、自分がめざすお金持ちのイメージを具体的にし、それを実現するための行動を起こしてきたからこそ、「お金持ちになる」という夢を実現できたのです。

一方で、いつまでも「お金持ちになりたい」と夢ばかり見ている人は、イメージが具体化されていないから、いつまでも行動を起こせません。

まずは、**あなたのお金持ちの定義を明確にすることが大切です。**

お金持ちになって何をしたいか、すべて書き出してみましょう。そして、その横にそれぞれを実現するためにかかる金額を書き、すべてを足してみる。それが、あなたがお金持ちになるために必要な金額です。多くの人は、「意外とたいした金額ではない」という印象をもつと思います。

漠然としたお金持ちのイメージをもっているより、「8000万円あれば自分の理想の人生を手に入れられる」というイメージをもっているほうが、具体的な行動に結びつきやすいのは明らかです。

ポイント

賢いお金持ちは、「お金持ちのイメージ」が明確

〈第3章〉

賢いお金持ちは、仕事の判断が異常に早い。

「絞る」ことをためらわない

賢いお金持ちは、ビジネスシーンでも変わり身が早い。うまくいかなければ、すぐにマイナーチェンジをいとわない柔軟さをもちあわせています。

ビジネスで成功する人の中には、マイナーチェンジをする際、「絞り込む」という方向に舵を切るケースが少なくありません。

私の知り合いに、ある地方都市で脱毛エステ店を経営している女性がいます。もともと美に対する意識が高く、楽しみながら仕事をしていることもあって、売上は順調に推移していました。

しかし、ある時期から新しいサービスをスタートし、売上がうなぎ上りになったと言います。

脱毛といえば、ふつうはお客様のほとんどは女性です。ところが、彼女は「子どもの脱毛プラン」を始めたのです。小さい女の子をターゲットにチラシや広告を打ったとこ

ろ、問い合わせが殺到。ターゲットの女の子はもちろん、その女の子の母親も新しい顧客になってくれたそうです。

なぜ、子どもが脱毛するかというと、体毛の生え方は個人差が大きく、小学校高学年くらいになると、小さな子でも体毛を気にし始めるといいます。特にプールや部活など肌の露出が多くなる夏の時期にチラシを打ったので、申し込みが殺到したというわけです。

彼女の試みがうまくいったのは、顧客を絞った点にあります。

元々の客層は女性一般でしたが、その中でも未成年の女性に絞った。それが、他の脱毛エステ店との強烈な差別化につながり、多くの顧客を獲得できたのです。

一般に顧客のターゲットや商品・サービスの範囲を広げすぎてしまうと、ライバルと差別化できず、その他大勢に埋没しがちです。

だからこそ、商品やサービスを特徴的なものにして個性を出す、あるいは顧客のターゲットを絞り込む。そうすることによって、商品・サービスにエッジが立ち、隠れたニーズを掘り起こすことができます。特に自営業や中小企業など経営のリソースが小さいところほど、「絞り込み」の効果が出ます。

お金持ちは世間知らず!?

そもそも賢いお金持ちの人は、「守備範囲が狭い」という一面があります。

自分が好きで得意な分野に関しては、いろいろなユニークな発想がわいてきて、結果的に売上増に結びつきます。好きなことほど集中できるので、知識の吸収量やスキルの獲得スピードもアップするのは当然です。

すでにやることが絞り込まれている人は、早く結果が出て、賢いお金持ちへの道を歩み始めます。

一方で、そうした人ほど、世間知らずな面があります。自分が集中して取り組んでいる分野では誰にも負けない知識やノウハウをもっていても、それ以外の分野についてはほとんど知らないのです。

先の脱毛エステの経営者も健康や美容以外のことについては、無頓着なところがあります。投資の知識などは興味の範囲外なので、私と会っても投資の話で盛り上がることはありません。実際、ビジネスセンスがあってお金を稼ぐのは上手なのに、お金を運用するほうはまったく興味がないという人は少なくありません。

反対に、投資の知識やスキルはずば抜けていても、世の中のビジネスや流行にはとことん疎い、仙人のような人もいます。

こうしたことから言えるのは、**興味・関心のあることに「絞った」ほうが賢いお金持ちになりやすい**ということです。

もしあなたが、お金が増えない、稼げないことに悩んでいるなら、自分がやるべきビジネスを絞り込めていない可能性があります。いろいろと試すことも重要ですが、どこかで「絞る」ことが必要不可欠です。そのためにも、絞り込む前の段階では、変化をいとわず、矢継ぎ早にいろいろと試してみることも重要です。

ポイント

賢いお金持ちは、選択肢を広げてから「絞る」

仕事を「他人事」にしない

ビジネスがうまくいく人を見ていて、いつも実感するのは「自分が取り組んでいる仕事を楽しんでいる」ということです。

上司の愚痴を言っているサラリーマンのように「やらされている」のではなく、好きだからやっている。その仕事をするのが楽しいから、いつも**「どうしたら、もっとお客様が喜んでくれるか」を考えている。**だから、次々とアイデアがわいてきて、それを実現しようと行動を起こします。

先ほど紹介した脱毛エステ店の女性経営者も、まさに「好き」を仕事にしているひとり。一緒に話していると、エステビジネスについて熱く語り、本当に今の仕事が好きであることが伝わってきます。

「まだまだいっぱい試してみたいサービスがあるんです」と笑顔で話す彼女のことですから、きっとこれからも「マイナーチェンジ」を繰り返して、ビジネスを大きくしてい

くことでしょう。

短気な人は「本気」である

彼女のように変化を続けてビジネスがうまくいく人と、そうでない人を見ていると、大きな違いがあることに気づきます。

それは、**仕事に対して「本気」で楽しんでいるかどうかです。**

うまくいかない人は、仕事に対してどこか他人事なところがあります。

トラブルや困難に直面したときも、誰かのせいにしてしまう。

「うまくいかないのは上司（部下）のせいだ」「売れないのは商品（サービス）のせいだ」「このサービスに魅力を感じないお客様がおかしい」という具合に、うまくいかない理由を自分以外に求めがちです。だから、自分から主体的に何かを変えようという発想に至りません。

一方、ビジネスがうまくいく人は、仕事を「自分事」としてとらえています。だから、もし売上が伸び悩んでいるなら、どうしたらお客様に喜んでもらえるか本気で考え抜きます。常に仕事に関連することにアンテナを張っているので、人の話もよく聞くし、ちょっとした情報からもチャンスを見出す。

先の脱毛エステ店の場合も、受け身で仕事をしていたら、まず「子供向け」という発想は出てきません。目の前のビジネスについて、自分ができることは何かと常に考えていなければ思いつかないでしょう。仕事を自分事としてとらえ、それを楽しんでいる人だけが考え抜くことができるのです。

さらなる結果を求めてマイナーチェンジを繰り返せる人は、本気で仕事を楽しんでいます。「短気は損気」とよくいわれますが、私は「短気は本気」という言葉のほうがしっくりきます。

○仕事を本気で楽しむ3つの方法

あなたは、今の仕事を楽しんでいるでしょうか。

もしワクワクしないようなら、できることは3つ。

1つめは、好きなことを仕事にすること。

現在の仕事にまったく楽しみを見いだせないのであれば、自分の「好き」という感情に素直になって転職活動をしたほうがいいかもしれません。

2つめは、本職以外に「好き」な副業を始めること。

副業であれば、気軽に始められますし、たとえうまくいかなくてもダメージは小さく抑えられます。しかも、副業が軌道に乗れば、将来的に独立起業を果たせるかもしれません。ただし、重要なのは「好き」なことを副業にすること。そうしなければ楽しむことはできません。

3つめは、今の仕事の中に楽しみを見出して、それを極めてみることです。

たとえば、販売のスタッフが、接客はあまり得意でないけれど、商品の陳列に興味をもっているなら、お客様が手に取ってくれるように、自分なりにいろいろとやり方を変えてみる。試行錯誤をしているうちに成果が出れば、他のアイデアも試してみたくなります。

「好きこそ物の上手なれ」ということわざがあるように、人は好きなものに対しては熱心に努力するので、上達も早い。マイナーチェンジを続けることも苦にならないでしょう。

ポイント

賢いお金持ちは、「好き」な仕事を楽しんでいる

苦手な仕事は後回しにしない

好きなことを仕事にするのが理想ですが、1から10まですべてが楽しいという仕事はあまりないのではないでしょうか。

どんな人にも苦手な仕事や面倒な仕事があるはずです。

私の場合でいえば、事務作業はあまり好きではありません。書類作成、領収書の整理、経費の入力、請求書の作成・送付、決算の打ち合せなどなど……。税理士と経費や決算の打ち合わせをするのも、どちらかといえば億劫な仕事です。放っておくと、どんどん後回しにして、期限間近になってあわてることになります。まさに夏休みの宿題状態ですね。

そのような苦手な仕事については、後回しにせず、先に済ませてしまうのがコツ。面倒な事務作業が発生したら、朝や午前中に集中的に処理するのです。

苦手な仕事を先延ばしにしていると、「あとでやらなければ……」というモヤモヤと

した気持ちを抱えたまま仕事を続けることになります。これは、とてもストレスフルな状態なので、本来やるべき大切な仕事に集中できません。

だからこそ、**「苦手な仕事ファースト」**が大切。気が乗らないけれど、いつかやらなければならない仕事を先に終わらせるのです。

たとえば、税理士との打ち合わせが面倒であれば、午前中に予定を入れる。夕方のアポイントにすると、なんとなく重苦しい気持ちのまま日中の時間を過ごすことになります。しかし、午前中のうちに終われば、すっきりした気持ちで仕事に集中できます。

営業マンの場合なら、苦手な顧客とのアポイントは、一日の最初に済ませてしまう。早めに嫌な仕事を片づけてしまえば、残りの時間の生産性も上がります。

賢いお金持ちは、苦手な仕事に対しては、とても「短気」です。

あなたは、苦手な仕事をずるずると先延ばしにしていないでしょうか。

嫌な仕事を先に片づけると、「すっきり」するものです。この「すっきり感」がクセになるまで続ければ、仕事のスピードがアップし、効率的なスケジューリングを組めるようになっているはずです。

いっそのこと、苦手な仕事をなくてしまう

賢いお金持ちは、苦手な仕事を先にこなしていくと同時に、苦手な仕事そのものをなくす工夫もしています。

私もそうですが、苦手な仕事をゼロにすることが究極の目標です。好きな仕事だけに専念する。私の場合は、お金に関する講演や執筆活動ですが、好きなことだけに集中できれば、仕事の質やスピードがさらにアップするはずです。

たとえば、経理などの事務作業は、それが得意な人や業者にアウトソーシングする。家事が苦手なら、週に1度家事代行サービスを頼む。もちろん、料金が発生するものもありますが、費用対効果を考えれば他の人に頼んだほうがよいケースは少なくありません。ぜひ検討してみてください。

ポイント

賢いお金持ちは、「苦手な仕事ファースト」

運転見合わせの車内にとどまらない

大事な商談に向かう途中、乗っている電車が車両トラブルで運転見合わせに……。そんなとき、あなたならどうするでしょうか。

商談相手に「電車が止まってしまったので遅れそうです」と連絡を入れる？悪い対応ではありません。時間通りに到着できないことを見越して先手を打てば、少なくとも相手の信用を失うことはありません。

一方、同じ状況でも、賢いお金持ちはまったく違う行動をとります。電車を降りて、タクシーに飛び乗るのです。

あまりに気が短いのではないか、と思うかもしれません。

しかし、電車はいつ運転を再開するかわかりません。最悪の場合は商談が流れてしまう可能性があります。運転再開を待っていたなら、あとは運を天に任せるしかありませ

BOOK EXPRESS

http://www.j-retail.jp/
brand/bookexpress/

ディラ大宮店
JR大宮駅ﾃﾞｨﾗ大宮内(北改札内)
048-643-0871
営業時間(平日・土曜) 7:30-22:30
営業時間(日曜・祝日) 7:30-22:30

2017年04月01日(土) 14時44分

4864700737	
なぜ買いお金持ち　外	¥1,300
小　計	¥1,300
消費税等外税	¥104
お買い上げ点数	1点
合計	¥1,404
Suica	¥1,404
お釣り	¥0

上記正に領収いたしました

取引日時
2017年04月01日 14時44分32秒

ICカード支払	¥1,404
ICカード残額	¥6,601
ICカード番号	JHXXXXXXXXXX0008
店:1225277 ﾚｼﾞ:02	#040693
担:90	

ん。予想以上に運転見合わせの時間が長引けば、イライラした気持ちになるでしょう。

でも、タクシーに飛び乗れば時間通りに到着できる可能性が残されています。車中から商談相手に「電車が運転見合わせになってしまったので、タクシーで向かっています。もしかしたら遅れるかもしれません」と連絡を入れておけば、相手は「そこまで商談を大事にしてくれている」と思うのは想像にかたくありません。

新幹線を乗り捨て、タクシー乗車

ある知り合いのお金持ちは、東京から静岡県の浜松に講演に向かう途中、新幹線が車両トラブルに見舞われ、新横浜駅で運転見合わせとなってしまいました。「復旧のめどが立たない」というアナウンスを聞いた彼は、すぐさま新幹線から降りて駅前のタクシーに飛び乗りました。

そして、運転手に「浜松までお願いします」と告げます。タクシーで高速に乗れば、時間通りに会場に到着できると判断したのです。

しばらく待っていれば、新幹線が運よく運転を再開するかもしれません。また、新横浜から浜松までタクシーで行けば、料金は数万円かかるはずです。

ふつうなら、講演の主催者に連絡して、事情を報告して判断を仰ぐところです。事情が事情ですから先方も必死で次善策を考えてくれるでしょう。

しかし、彼は時間通りに講演会場に到着することを優先して行動したのです。結果、無事に講演会の時刻に間に合いました。

そのお金持ちいわく、「新幹線のなかで、『いつ動くのだろう。どうしよう』とイライラするのもイヤだったし、それ以上に、わざわざ私の話を聞くために講演会場まで足を運んでくれる人たちのことを考えれば、タクシー代の出費は痛くもかゆくもない」とのこと。


このように**賢いお金持ちは、「何を優先すべきか」を常に考えて行動しています。**

この場合でいえば、講演会のお客様をがっかりさせないこと、そして講演の主催者を困らせないことが最優先事項でした。だから、タクシーに乗り換えることに躊躇しなかったのです。

ちなみに、新幹線はまもなく運転を再開し、彼がタクシーで浜松に着いた時刻とほぼ変わらなかったそうですが、彼は「あれは正しい選択だった」と胸を張っていました。

これは少し極端な例に感じるかもしれませんが、賢いお金持ちは「優先すべきこと」が見えています。

あなたの仕事の最優先事項は何でしょうか？

これを意識していれば、スピード感をもって適切な判断ができるようになるのです。

ポイント

賢いお金持ちは、仕事の優先順位がわかっている

ラッシュに巻き込まれない

都市圏の通勤ラッシュは、本当に地獄です。息もできないくらい車両に押し込められもみくちゃにされる。目的の駅に到着する頃には、くたくたになってしまいます。

精神的にもしんどいですよね。混雑しているだけでイライラしますし、まわりの人も殺気立っているので、常に緊張を強いられます。目の前で客同士のいざこざが始まったら最悪。今日一日、仕事をする気がうせてしまいます。

みなさんと同じように私も通勤ラッシュは苦手です。運悪く遭遇したら、ストレスはピークに達し、その日一日、イライラの気持ちを引きずったまま仕事をしなければなりません。

しかも、私は講演で地方に移動することが多いので、キャリーケースを持ち歩くことが多い。キャリーケースをもって満員電車に乗り込もうとすれば、「邪魔だよ」という無言のプレッシャーが痛いほど突き刺さります。

したがって私は、ラッシュに巻き込まれないように行動しています。東京都内で打ち合わせがあるときは、可能なかぎり午後からにしてもらいます。なぜなら、午前中だと、自宅のある埼玉県から東京へ出るときに通勤ラッシュに巻き込まれる可能性があるからです。

また、先述したように、私は講演で地方都市に出かけることが多い。講演が一日で終わるとしても、日帰りのスケジュールを組むことはありません。

今は飛行機や新幹線などの交通網が発達しているので、たいていの場所は東京から日帰りできます。北海道や沖縄でも、現地の滞在時間によっては十分に日帰りできてしまいます。

それでも私が日帰りを選択しないのは、やはりラッシュに巻き込まれることを避けるためです。

たとえば、大阪で14時から講演があるとします。日帰りしようと思えば、9時過ぎの新幹線で行って、夕方か夜の新幹線で帰ってくることになります。この場合、朝、東京駅に着くまでに通勤ラッシュに巻き込まれることは必至です。夜に新幹線で東京に帰ろうと思えば、たいてい新幹線の車内は混雑しています。これでは、ベストな状態で講演する自信がありません。

大阪にかぎらず、日帰りしようと思えば、たいていはラッシュに巻き込まれる羽目にはなるのは目に見えています。

だから私は、前日に現地入りして前泊します。

大阪で14時からの講演だとしたら、前日の午後に新幹線で大阪に向かいます。ラッシュに遭遇することはありませんし、新幹線の車内も空いていますから、リラックスした気持ちで現地入りできます。

また帰りも、講演が終わってその日のうちに帰ると、ラッシュに巻き込まれることが明らかな場合はもう1泊するという選択をします。

前泊すればトラブルに冷静に対処できる

前泊のメリットは、通勤ラッシュに巻き込まれないこと以外に、もうひとつあります。

それは、**トラブルに対処する余裕ができること**です。

日帰りの場合だと、どこかで電車が止まってしまったら、最悪の場合、約束の時間に間に合わない可能性が出てきます。

しかし、前泊していれば、少々のトラブルがあっても余裕をもって行動できます。早めに現場に入って、会場の雰囲気をつかんだり、パソコンの接続を確認したりしておけば、不用意なトラブルを防げますし、万一起きた場合でも冷静に対処できます。

前泊を習慣にしているのは、私に限った話ではありません。まわりの賢いお金持ちに聞いてみると、多くの人はできるかぎり前泊を選択しているとのこと。そういう意味では、賢いお金持ちは、みんな「せっかち」と言えます。

会社員の場合は、就業時間が決まっているのでラッシュを避けるのは困難かもしれません。それでも、優秀なビジネスマンはラッシュ前の早朝の電車に乗って通勤している人が少なくありません。

また最近は、移動する時間がもったいないからと、会社から近い場所に家を借りる人が増えています。少々家賃が上がっても、満員電車や長時間移動を避けられることを考えれば費用対効果は高い、ということでしょう。

「出張で前泊することは、会社が許さない」と言う会社員もいるかもしれません。しかし、私だったら自費で宿泊代を支払うとしても、前泊を選択すると思います。宿泊代を自腹で出す以上の価値があるからです。実際、会社員時代に自腹で前泊していたお金持ちは少なくありません。

出張時に、自腹でも前泊を選択するか、それとも当日の移動を選択するか。その価値観の違いが、将来的に賢いお金持ちになれるかどうかを決めるような気がしてなりません。

ポイント

賢いお金持ちは、出張時に前泊を選択する

メールにいちいち反応しない

賢いお金持ちは、どんなメールの使い方をしているのでしょうか。

メールが来たら、すぐに返信する？

気が短い人なら、メールが届いたそばから返信しそうですよね。実際、仕事のできるビジネスマンには、即返信が習慣化している人も多いようです。

もちろん、メールは早く返信したほうが、相手の印象もよくなりますし、仕事もスピード感が出るでしょう。

しかし、仕事のできるビジネスマンが、賢いお金持ちになれるかといえば、そうとは言い切れません。

ビジネスマンとして優秀でも、将来、「お金のストレスフリー」の状態になるとはかぎらないのです。

では、賢いお金持ちは、どのくらいのペースで返信しているのか。

私が知る限りでは、**メールを返信する時間を固定している人が多い**ように感じます。

たとえば、「朝7時に1回だけ」「始業時と終業時の計2回」というように。

○「本来すべき仕事」は何か？

私自身もメールを返信するのは朝の時間だけです。私とメールのやりとりをしたことがある人はわかると思いますが、私から連絡や返信をするのは、基本的に1日1回です（朝の時間に同じ人と何度かやりとりすることはあります）。

私がこのようなメールの使い方をするようになったのは、本来メールの着信が気になるタイプだからです。

昔は頻繁にメールをチェックし、すぐに返信していました。しかし、それを続けていると、どうしても集中力が途切れてしまいます。返信に時間のかかるメールが届いて、そのとき進めている仕事にも支障が出てしまうこともありました。

そんなことが続いた結果、私はこう思い至ることになりました。

「メールの返信にばかり時間をとられて、本来すべき大事な仕事ができない！」

私に限らず、**賢いお金持ちは、頭を使って考える時間を大事にしています。**

今後の戦略や新しいビジネスモデルを考えたり、自分が目標に向かって走れているかを振り返ったりする時間を確保している。

だからこそ、その他大勢から抜け出せるようなアイデアが生まれ、我が道を進むことができるのです。

私にとっても、講演の内容をブラッシュアップしたり、ビジネスアイデアを考えたりする時間は重要なひとときです。私はこれを「一人会議」と呼んでいます。

しかし、メールの着信や返信に気をとられていると、集中力が途切れて思考が深まりません。

だから私は、メールを確認する時間を朝に限定することを決めました。

現在では、家に帰ってきたら、スマホを機内モードに設定し、メールが着信しないようにしています。これも、メールの着信や返信にムダに時間を奪われないことが目的です。

実際、メールの返信を1日1回と決めてから何年もたちますが、トラブルや問題が生じたことはありません。メールの相手から苦情を言われたこともありません。本当に緊急の事態だったら、電話がかかってくるはずです。

「短気」だからこそルールを決める

せっかちで気が短い人は、メールにすぐに返信したくなる。賢いお金持ちは、そんな自分の性分を知っているからこそ、あえて自分にルールを課しているのです。

ルールと言うと少し堅苦しく感じるかもしれませんが、このメールのルールについては、自分の時間を取り戻した実感がもて、実に快適です。

「今日もメールのやりとりをしているうちに一日が終わってしまった」ということが続くなら、あなたが本来すべき仕事に集中できていない可能性が大です。

即返信が求められる職種もあるかもしれませんが、そうでなければ、メールとの付き合い方を一度見直してみてはどうでしょう。

すぐに返信しない場合、「どんな問題が生じるか」「あなたの仕事に支障が出るか」などと自問自答してみると、意外と即返信地獄から解放されるかもしれません。

メールの返信に振り回される日々を過ごしていたら、一生、賢いお金持ちになるのは不可能です。

ポイント

賢いお金持ちは、メール返信の時間を決めている

スケジュールは相手を優先しない

賢いお金持ちは、スケジュールについても「短気」です。基本的に「先制攻撃」で、主導権を握ります。

たとえば、アポイントをとるとき、多くの人が「都合のいい日はありますか？」と相手の都合を尋ねてしまいます。すると、相手にとって都合のよい日時を提案され、どんどん予定が埋まっていきます。「この日は、企画書の構想を練る時間に充てたかったんだけどなあ……」と本心では思っていても、相手に都合を聞いてしまった手前、ＯＫと言わざるを得ません。

こういうタイプの人は、相手が主導権を握り、自分のペースを乱されがちです。相手に合わせていると疲れるので、イライラした気持ちにもなります。結果、忙しいばかりで成果はいまいちという不完全燃焼の状態が続きます。

一方、**賢いお金持ちは、自分のほうから日時や場所を提案します。**

もちろん、相手が目上の人である場合や、こちらがお願いごとをするときは相手の希望を尊重するのがマナーですが、対等のビジネス関係であれば、自分がアポイントの主導権を握ります。

当たり前ですが、指定する日時や場所は自分の都合を優先しているわけですから、「アポイントを特定の日にまとめる」といったこともできます。自分主導でスケジュール管理ができれば、余計なストレスを感じることもなく、仕事もはかどります。

ただし、**日時などを提案するときは、複数の案を提示するのがマナー**。ピンポイントで「9月15日、15時30分に××ホテルのロビーで」と決め打ちされると、相手に「自分勝手な人だなあ」という印象を与えてしまいます。

3つほど選択肢を出せば、相手が不満をもつことなく、すんなり決まるはずです。

「一人会議」の予定を先に押さえる

賢いお金持ちは、せっかちなくらいに先々の予定を入れます。

特に長期の休暇については、6カ月先、1年先くらいまで予定を組んでいます。質の高い仕事をするには、オンとオフのメリハリが大切だと、理解しているからです。「暇になったときに休もう」と気楽にかまえていたら、いつまでたっても休めません。

先に長期休暇の予定を入れてしまえば、いやでも仕事を前倒しできますし、長期休暇をモチベーションに日々の仕事に励むこともできます。

また、賢いお金持ちのスケジュール帳を覗いてみると、アポイントなどの予定だけではなく、休暇の日や一人でじっくり考える時間、つまり「一人会議」の予定も書き込み、確保しています。

先に述べたように賢いお金持ちは、自分の頭でじっくり考える時間を大切にしています。このような個人の仕事については、ふつうスケジュール帳に書きこまないので、どんどんアポイントなどの予定などが埋まっていきます。そして、「最近忙しくて、全然考えられなかった」とぼやくことになります。

賢いお金持ちは、深い思考の時間は、何よりも大事だと理解しているので、その時間についてもスケジュール帳に書き込んでいます。時間を確保しておけば、うっかり他の予定を入れてしまうことはありません。

「一人会議」の予定は、短い人でも3カ月先、長い人では1年先まで決め、スケジュールに書き込んでいます。

スケジュールは自分が主導権をもたなければ、ひたすら振り回されることになります。相手の予定に合わせるばかりでなく、自分の意思をもってスケジュール帳を埋めていくことが大切です。

ポイント

賢いお金持ちは、スケジュールは「先制攻撃」する

締め切りギリギリまで粘らない

締め切りを守るのは、ビジネスマンとしての最低のルールです。これについて異論をはさむ人はいないでしょう。

ただし、締め切りに対するスタンスには、大きく2つあります。

ひとつは、締め切りギリギリまで粘る人。もちろん、さらに質を高めようと最後まで努力することは否定しません。

しかし、実際のところ、締め切りギリギリになるのは、「まだまだ大丈夫」とゆっくりかまえていたばかりにとりかかるのが遅くなり、やむを得ずギリギリになってしまうケースがほとんどです。

この場合、困ったことが起きます。**ギリギリになることで選択肢が狭まり、アウトプットの質が低くなってしまう**のです。

私はさまざまな組織や個人から講演依頼を受けるのですが、その主催者にもギリギリ

タイプの人がいます。

講演会の日時が決まったら、主催者側で会場を押さえることになるのですが、なかなか決まらないケースがたまにあります。要は、主催者が悠長にかまえていて会場探しにとりかかるのが遅かった、というわけです。

「これ以上、先延ばしにするとまずい」という段階になって会場を探し始めるので、いい会場がすでに埋まってしまうという事態も起きます。そこからあわてて会場探しに本腰を入れて、結局、第2希望、第3希望くらいの会場は押さえられるのですが、このようなケースを見るたびに「日時は決まっているのだから、すぐにめぼしい会場に問い合わせておけばいいのに」と思ってしまいます。

せっかちタイプの私には理解しがたいのですが、こうしたタイプの人は一定数いるようです。

身近なところでは、忘年会の幹事になったのに、ギリギリまで会場を押さえない人もたまにいると聞きます。忘年会シーズンは予約がとりづらいことはわかっているのですから、日時が決まった時点ですぐに動くべきです。

残念ながらこうしたタイプの人は、仕事でも締め切りギリギリになってあわてて提出していると想像できます。

あわてて取り組めば考える時間も十分にとれませんし、数字や誤字脱字などのミスも出やすい。記載すべき情報が抜けているといった致命的なミスも起きがちです。

前倒しすれば修正して質を上げることができる

もうひとつのタイプは、締め切りを前倒しする人です。

賢いお金持ちは「短気」なので、締め切りを前倒しして仕事を進めます。

彼らに共通しているのは、**できるかぎり「早くとりかかる」こと**。

ルーティンの仕事以外は手をつけてみないと、どのくらいの時間がかかるかつかめません。意外と時間がかかりそうだとわかれば、余計に時間を確保する必要性が出てきます。

最初に仕事の全体像をつかんでいないと、「想像以上に時間がかかった」と言い訳をして締め切りギリギリになる、あるいは締め切りに遅れてしまいます。

前倒しして早めに完成すれば、仕事の依頼者である上司に見せて、意見をもらうこともできます。上司のイメージしているアウトプットと齟齬《そご》があれば、修正して完成度を上げることができます。

私も講演会でレジュメや資料を使うときは、前もって主催者に送って、確認してもらうようにしています。そうすることで、「女性の参加者が多いので、貯金のテーマにも触れてほしい」といった意見をもらうことができます。事前にこうしたチューニングができていれば、私にとっても受講者にとってもハッピーです。

何よりも締め切りより早く仕事を進める人は、それだけで評価されます。それほど世の中には締め切りギリギリで進める人が多いからです。

その他大勢から抜け出して、賢いお金持ちになるには、まわりと同じことをしているかぎりは無理です。**まわりに流されず、自分なりの流儀を徹底する人が賢いお金持ちになれる**のです。

ポイント

賢いお金持ちは、仕事にとりかかるのが早い

「石の上にも三年」を守らない

「石の上にも三年」ということわざがあります。

私より上の世代では、「仕事を辞めたい」という若者に対して、このことわざを持ち出して説得するといった光景がよく見られました。何事にも忍耐強さが大切で、3年続ければ得られるものがある、というわけです。

しかし、お金持ちという観点から言えば、「石の上にも三年」を守らなかった人のほうがお金のストレスフリーの状態を手に入れやすいといえます。

なぜなら、今のように変化の激しい時代は、のんびり3年も待っていたら時代から取り残されてしまいます。その仕事の肝となる部分や、その仕事のもつ魅力は、1年ぐらいで気づくようでないと活躍はできないでしょう。会社の同僚も、あなたの成長を悠長に待ってはいられない時代なのです。

したがって、「石の上にも三年」タイプの人よりも、むしろ**若いうちから転職を繰り**

返すタイプのほうが賢いお金持ちになれる資質をもっています。

手前味噌で申し訳ありませんが、私の父親は保険代理店で起業してひと財産を築くまでは、10回も転職しました。もともとこらえ性のない性格だったのかもしれませんが、保険代理店の仕事と出会ってからは、保険業一筋で一定の成功を手にし、私たち家族の大黒柱として支えてくれました。

私の場合は、学習塾の講師、医療機器の営業、保険の営業、そして今の講師業と4つの職業を経験し、お金のストレスフリーを手に入れました。

私のまわりの成功している起業家やお金持ちも、だいたい3〜4社転職を繰り返し、起業するパターンが多い。彼らにかぎっていえば、3年同じ会社に勤めたというのはレアケースです。

私も含めて結果的に起業するような人は、もともと会社のような組織に向いていないのかもしれません。

その一方で、**賢いお金持ちに必要な「変化対応力」が身につく**のも事実です。

職を替えれば給料が下がることもあれば、家族などから「こらえ性がないやつだ」という烙印を押される可能性もあります。人間関係だって変わります。転職することはそれなりのストレスがあるものです。

それでも転職を繰り返すことで、さまざまな環境で経験を積むことができます。違う環境の人と接することで、多様な価値観も身につきます。いろいろな仕事を体験すれば、自分に合っている仕事にも気づきやすいでしょう。

私自身、転職を繰り返して実感したことがあります。

それは、「何をしても、とりあえずは生きていける」ということです。

もし今の仕事がうまくいかずに別の仕事をすることになっても、なんとか食べていける――。そんな自信が身につき、変化することを恐れなくなりました。まわりのお金持ちも、私と同じような感覚をもっているはずです。

「変化対応力」は大きな武器になる

雇用の流動化がだいぶ進んできたとはいえ、現代の日本では、いまだに転職を繰り返す人に対して風当たりが強い面があります。

しかし、私の持論を言えば、終身雇用や年功序列が崩れた今、何度かの転職を経験することは、大きな強みになります。

変化に耐性をもつことは、激しい変化が訪れるであろうこれからの社会を生き抜くうえでは、心強い武器になります。

特に20代、30代のうちは、まだまだやり直しがききます。そもそも最初の就職で、自分に向いている仕事に出合えるとはかぎりません。たいして好きでも、得意でもない仕事を何十年も続けるのは不幸です。**一生懸命やってみた結果、自分には合わないと感じれば、たとえ入社1年でも転職を考えるべき**だと思います。

どの世代も、そろそろ「石の上にも三年」という価値観を捨てるときが来ているのではないでしょうか。

ポイント

賢いお金持ちは、転職をいとわない

第4章

賢いお金持ちは、超速で人を見切っている

「相性が合わない人」には近づかない

賢いお金持ちは、人付き合いにおいても「短気」なところがあります。

たとえば、初対面の人と話したとき、「この人は、ちょっと苦手かも……」と感じたとき、あなたならどうするでしょうか。

そうはいっても悪い人ではなさそうだから、今後も付き合ってみる？

実際、第一印象は最悪だったけれど、付き合いを続けていくうちに、その後大切なパートナーに変わるという展開もゼロではありません。

しかし、それはドラマの世界の話。

現実には、**初対面で相性が悪そうだと感じた人と付き合っていると、ずっとぎくしゃくした関係が続きます。**

コミュニケーションでボタンのかけ違いが発生したり、相手を信用できなかったり、相手に振り回されたりして、だんだんその人と接触するのが億劫になっていくのがよく

あるパターンです。

賢いお金持ちは、直感を大事にしています。

初対面の直感は、これまでの経験にもとづき働きます。さまざまな人生経験を積み重ねてきた結果を踏まえて、「この人には近づかないほうがいい」、あるいは「この人とは気が合いそうだ」と瞬時に判断するのです。

社会人になって数年経てば、「相性がよいかどうか」はなんとなくわかるもの。人生経験を重ねれば重ねるほど、その直感は高確率で当たるはずです。

だからこそ、賢いお金持ちは、人付き合いにおいて「見切り」が早い。

「この人とは馬が合わない」という直感にしたがって距離を置きます。ずるずると関係を引きずることはありません。反対に、「この人とは馬が合いそうだ」と思えば、積極的に接近していくのです。

相性が悪い人はトラブルを呼び込む

私自身、相性が合わないと直感が働いた人に対しては距離を置くようにしています。

昔、父の病気で家業である保険代理店を継いだとき、同時に父の大口顧客も引き継ぐことになりました。

ところが、そのうちの一人は、たいした用事もないのに私を呼び出したり、何かと注文が多かったりと、とにかく手間のかかるお客様で、初対面のときから「この人とは一生理解し合えないだろう」と感じていました。

大口の顧客だったので、売上だけを考えれば長く付き合っていたほうがメリットはあります。だからこそ散々悩みましたが、結局私は、その顧客との付き合いをやめることを決断しました。

数字よりも、自分が楽しく仕事ができるかどうかを優先したのです。

結果的に、一時的に売上はダウンしましたが、その顧客の対応に費やしていた時間を、他の収益の高いお客様の対応や新規顧客の開拓に振り向けることができ、かえって売上はアップしたのです。

こうした経験をして以来、たとえ初対面であっても、直感的に「相性が悪そうだ」と感じた人とは距離を置くようにしています。

たとえビジネス面でメリットがありそうな相手であっても、相性がよくないと思えば、早めに見切りをつけることが大切です。ずるずると付き合っても、問題やトラブルが発生するなどして、後悔する結果となります。

こんな人には近づいてはいけない！

誰と付き合うかは、基本的に自らの直感にしたがうべきですが、明らかに距離を置いたほうがよいタイプもいます。

ひとつは、**ネガティブワードの多い人**。

「難しいですね」

「できません」

「無理です」

「厳しいです」

「やめたほうがいい」

このような後ろ向きの言葉がポンポン出てくる人は避けたほうがいい。このタイプの人と一緒にビジネスをしても実行がともなわないので、足を引っ張られるばかり。うまくいくものもうまくいきません。

うわさ話や悪口が好きな人も深入りしないほうが無難です。そもそも不毛ですし、そういう人のまわりには同じようなタイプの人が集まりがち。ネガティブな輪の中に組み込まれてもいいことはありません。

あとは**一方的に話をする人や、話が長くて要領を得ない人も避けたほうがいい**。自分本位で相手を軽視する傾向があるため、あとあとトラブルが発生しがちです。

もし、あなたが以上のような態度をとっているなら要注意。

初対面では直感で相手を見切る一方で、相手から自分が見切られているケースも多々あります。

万人から好かれる必要はないので、基本は自分らしく振る舞うべきですが、最低限「やってはいけないこと」は押さえておいたほうがいいでしょう。

ポイント

賢いお金持ちは、「直感」で人間関係を築いている

初対面では「謙虚」になりすぎない

賢いお金持ちが直感で人間関係を構築しているということは、初対面の相手も直感であなたのことを判断しています。

人間関係は双方向ですから、あなたが「この人は相性がよさそうだ」と感じても、相手が同じように思ってくれなければ、「片思い」で終わってしまいます。

そこで**あなたが心がけるべきことは、自然体で振る舞うということ**です。

初対面だと委縮して、謙虚になりすぎたり、下手に出たりする人が少なくありません。自分のことを話すのは気が引けると、相手の話を聞くばかりで、自分のことをほとんど話さない人をたまに見かけますが、相手からすればどんな人かわからないため印象に残りません。相性が合うかどうか以前に、興味さえもってもらえないのです。

反対に、実力以上に自分を大きく見せようとする人もたまに見かけます。「こんなすごいことをしているんです！」と一方的に話し、ときには何倍にも話を盛っ

てしまう……。本当にすごい実績であれば感心するところですが、身の丈以上に飾った話は、どこかうさんくささを感じるものです。賢いお金持ちほど直感がすぐれているので、「この人には近づかないほうがいい」と警戒します。

自分をアピールして関心を引きたい気持ちはわからないでもありませんが、逆効果になることがほとんどなのです。

初対面では、謙虚すぎても、虚栄を張ってもいけません。できるだけ自然体で、ストレートに自分を出すことです。

自然体といっても、友人と接するようにタメ口で話すという意味ではありません。自分が今していること、将来めざしていることなどをストレートに伝えるのです。

たとえば、経営コンサルタントとして独立起業をめざしているなら、「今は○○という会社でマーケティングの仕事をしているのですが、将来はこれまでの経験を活かして経営コンサルタントの仕事をしたいと準備をしているところです」と自己紹介する。

「将来、独立したいのですが、まだまだ実力不足で……」と謙虚になりすぎる必要もありませんし、「もうすぐ経営コンサルとして会社を立ち上げる予定です。起業前からすでに引き合いがあって大忙しです」と大きく見せる必要もありません。事実をそのまま伝えるのがポイントです。無理に仲良くなっても、あとで綻《ほころ》びが出る結果となります。

「専門分野」は忘れずに伝える

初対面では、自分の強みや専門分野を伝えることも大切です。

合コンのような席ならともかく、ビジネスをベースにした出会いでは、いくら話が盛り上がっても、その後の関係発展は見込めません。

だからこそ、**賢いお金持ちは、「自分が得意なことを通じて、相手にどう貢献できるか」をさりげなく伝えます。**

「インターネットを使った集客を専門にしています」ということを伝えたとき、たまたま相手が集客に悩んでいるようであれば、「もう少し話を聞かせてほしい」と興味をもつでしょう。その場ですぐにビジネスにつながらなかったとしても、記憶にさえ残っていれば、いざ集客で困ったときに、「そういえば、インターネット集客を専門にしている人がいたなあ」と思い出してもらえます。

ビジネスで成功するコツは、「〇〇の分野についてはこの人」と多くの人に記憶してもらうことです。専門分野が伝わっていないと、いつまでたっても声はかかりません。

ただ、初対面の場合、仕事の話だけだと盛り上がらないケースがあります。まったく異なる業界同士だと、「そうですか」で終わってしまうことも。そんなとき、趣味のネタを披露できるといいでしょう。

たとえば「城が好きで、これまで100カ所まわりました」「日本酒が好きで、毎日自宅で飲み比べをしています」といった話ができれば、「城の〇〇さん」「日本酒の××さん」と相手の記憶に刻むことができます。**趣味の話は人柄がストレートに出やすい**ので、それがきっかけで人間関係が深まることもあります。

ポイント

賢いお金持ちは、自然体で相手と対峙する

パートナーは「性格」で選ばない

「田口さんって、意外とやさしい雰囲気ですね。安心しました」

セミナーや講演会に来てくれた初対面の参加者から、よくこんな言葉をかけられます。書籍などではっきりと厳しいことも言っているので、「怖い人」という印象をもっている人も多いのです。

しかし、実際の私は「怖い人」とは真逆。自分で言うのも変ですが、物腰やわらかく、親しみやすい印象だと思います。だから、私とは初対面であっても物怖じせずに、自然体で振る舞ってくれる人が多いように感じています。

それはさておき、**初対面における第一印象は大事です**。「見た目が9割」とよくいわれますが、それはお金持ちの世界にも当てはまります。

先述したように、賢いお金持ちは、直感的に相性が悪そうだと思った人には近づきま

せん。本当に相性がよいかどうかは、会話をしてみないとわかりませんが、見た目の印象が悪いと、会話も成立しないことがあります。

たとえば、パーティーや会食の席で、両隣が初対面の人だとします。左に座っているAさんがニコニコとした笑顔で話しやすい雰囲気であるのに対し、右隣に座っているBさんがしかめっ面で、眉間にしわが寄っている。あなたなら、どちらと話したいと思うでしょうか。

ほとんどの人は、まずはAさんに話しかけるのではないでしょうか。この時点で、Bさんは新しい出会いのチャンスをひとつ失うことになります。話してみたら相性が合うかもしれないのに……。もったいない話ですよね。

「見た目より性格が大事」とよく言われます。もちろん、最終的には性格のほうが大事であることは否定しませんが、**初対面の場面においては、「性格」よりも「見た目」が大事**なのです。

賢いお金持ちは、初対面においては「性格」では相手を選びません。「見た目」の第一印象を重視します。それはビジネスパートナーにかぎらず、異性のパートナーも「性格」ではなく、「見た目」から入っています。内面は外見にあらわれるものだからです。

表情が魅力的な人は、内面も明るくて魅力的な性格であることが多い。ポジティブに物事を考える傾向もあります。そういう人のまわりには、ポジティブな人が集まってきます。一方で、眉間にしわが寄っている人は、総じてネガティブに物事を考えがち。「できない」「無理」といった言葉が出てくるのも、こちらのタイプです。

あなたのまわりの人を思い浮かべてみてください。もちろん、「人は見かけによらない」という言葉があるように一概には言えませんが、総じて表情が豊かな人はポジティブで、そうでない人はネガティブではないでしょうか。

ただし、ここで言う「見た目がいい」とは、いわゆる「美人」「イケメン」とは違います。美人やイケメンでなくても、いつもニコニコしていて、表情が豊かな人がいますよね。そういう人は、とても魅力的に見えます。いわゆる美人ではないけれどモテる人というのは、まさにこのタイプです。

いつでも笑顔になれるアイテムを持ち歩く

他人から選ばれる人になりたいなら、自分が笑顔を出せているか、表情が魅力的であるかに注意を払うことが大切です。

「笑顔を出すのが苦手」という人は、まずは形だけでも笑ってみることが大事です。笑いながら泣くことができないように、表情と感情は連動しているので、笑顔でいると気持ちも前向きになっていきます。

初対面の人と会うとき、ポジティブな気持ちで臨めるように、すぐに笑顔になれるアイテムを用意しておくといいでしょう。たとえば、スマホの中に好きな芸能人や家族、買っているペットなどの写真を入れて、すぐに見られるようにしておく。本当に大好きなものであれば、自然な笑顔が出るはずです。

笑顔は、人との相性を判断するときにも、また相手から相性がよさそうと思ってもらうためにも重要なのです。

ポイント

賢いお金持ちは、「見た目」を重視している

飲み会は最後まで残らない

賢いお金持ちは、飲み会についても見切りが早い。

初対面の人と同じように、直感的に気が乗らない飲み会の誘いは、すぐ丁重にお断りします。気が合わない人と数時間も同じ空間をともにするのは、自分にとっても相手にとっても不幸です。

断ることが苦手な人が、よく「考えておきます」「行けたら行きます」と結論を先延ばしにすることがありますが、気が進まないのであれば早めに断ったほうが、誘ってくれた相手のためにもなります。直前になって「やはり行けない」とドタキャンすれば、お店を予約してくれている幹事に迷惑がかかるだけです。

また、「大人の付き合いだから」と我慢して参加すれば、次回も飲み会に誘われることになり、また「面倒だな」と憂鬱な気分に襲われます。飲み会を断って壊れてしまう

ような人間関係など、しょせんその程度のものです。そもそも飲み会を断ったからと言って根にもつような人とは、自然と疎遠になっていきます。

○ 中座することを事前に伝えておく

最初から気が乗らない飲み会であれば、すぐに断っても問題ありませんが、なかには迷うケースもあるかもしれません。

たとえば、「初対面の人が多い飲み会だけど、行ってみたら案外楽しいかも」といったケースです。

その場合、私なら中座するのを前提に参加します。

賢いお金持ちは、飲み会の雰囲気が合わなかったら、中座することもいとわない。たとえば、悪口大会のようなネガティブなトークが多い空間にいても楽しくありませんし、メンバーがまとっている負のオーラに悪い影響を受けてしまいます。

だから、その場合は2時間も3時間も一緒に時間を過ごさず、1時間ほどで退席する。さすがに気が引けるなら、すくなくとも二次会へと流れる前に帰ります。

私の場合は、飲み会への参加表明をするとき、「中座させていただく可能性がありま
す」と前もって伝えておきます。

飲み会中に有意義ではないと思えば、「事前にお伝えしていましたが、今日はここで失礼します」と言って中座する。これなら失礼には当たりません。一方で、飲み会が楽しく有意義であれば、中座せずに飲み続ける。参加時間を延ばす分には、あまり迷惑はかからないはずですから。むしろ「後ろの予定がなくなったので、今日は最後までいさせていただきます」と伝えれば、主催者は「楽しんでくれているようで、よかった」と喜んでくれます。

この方法は、さすがに少人数の飲み会では使えませんが、多くの人が参加する飲み会であれば問題ありません。ぜひ試してみてください。

我慢を強いられるくらいなら店を替える

お酒のネタでもうひとつ。

「初めてのお店に入ったら、居心地が悪くてがっかりした」というケースはよくありま

す。

たとえば、「隣の席の団体が大騒ぎをしていて、ろくに会話もできない」「喫煙者だらけでタバコの臭いが気になる」「店員の接客態度が悪い」といったケースです。

この場合、何時間も我慢するのは苦痛でしかありません。会話も盛り上がりに欠けるでしょう。

それでも、あなたは我慢して飲み続けますか？

賢いお金持ちなら、ためらうことなく店を出て、別の店を探します。

もし一度座ってしまい、「やっぱり出ます」と言いにくいなら、一杯だけ飲んで早々に退散します。

お店の人には申し訳ないけれど、自分たちが快適な時間を過ごせず、我慢を強いられることが明らかであれば、お店を替えるのが正解です。

ポイント

賢いお金持ちは、飲み会を中座することをいとわない

同窓会で「変わってないね」と言われて喜ばない

久しぶりに同窓会に参加したとき、同級生からどんな言葉をかけられたら、あなたはうれしいですか？

「全然変わってないね！」
「すごい変わったね！」

前者の「変わっていないね」は、もちろん、褒め言葉であるケースがほとんどです。

「学生時代から変わらずにいてくれてうれしい」と親しみの意味が込められています。言われたほうも悪い気はしないのではないでしょうか。きっと昔話にも花が咲くことでしょう。

後者の「変わったね」は、もちろんマイナスの意味のケースもありますが、基本的に

「成長した」「立派になった」という称賛の意味が込められています。しかし、その一方で、「少し遠い存在になってしまった」という嫉妬心がまじっていることがあります。場合によっては、会話をしても学生時代のように盛り上がらず、お互いに居心地の悪さを感じる可能性もあります。

賢いお金持ちは、「すごい変わったね！」と言われて喜びます。

反対に、「変わってないね」と言われて喜ぶ人は、お金持ちになれる資質が欠けているかもしれません。

なぜなら、お金持ちになる過程では、その成長に合わせて付き合う人間関係も変化していくからです。だから、「変わってないね」と言われて楽しく旧友との時間を過ごせる人は、ある意味「成長していない」とも言えるのです。

人生のステージが変われば人間関係も変わる

私は34歳のとき、いわゆる「お金のストレスフリー」を実現していますが、20代の頃はギャンブルやキャバクラ、飲み会に明け暮れ、荒んだ生活を送っていました。その挙句、数百万円の借金を抱え、自己破産寸前まで追い込まれたのです。

そのとき付き合っていた仲間とは、平日は毎日のようにパチンコやキャバクラに出かけて散財し、週末には競馬に出かけ、勝っても負けても飲み会に繰り出す日々を過ごしていました。今振り返れば「悪友」ですが、当時は彼らと一緒にいることが楽しかったのです。

しかし、いよいよ自己破産寸前まで追い込まれた私は、「このままではいけない」と一念発起。ギャンブルや飲み会をやめて、お金を貯めることにしました。結果的に仲間との付き合いをやめることになったのですが、それくらい追い込まれていたのです。

すると、それまでの荒んだ生活は改善し、なんとか借金も無事返済。散々お金で痛い目にあってきた私は、お金に不自由しない「お金のストレスフリー」の状態を手に入れることを目標にします。

でも、何から始めていいかわからない……。そこで、私はお金や資産運用をテーマにしたセミナーに参加することに。そこで資産運用のしかたを学ぶと同時に、同じような目標をもった参加者と出会い、交流を深めていきました。まわりは私よりも志や意識の高い人ばかりだったので、私も自然と彼らに引っ張られるような形で、知識やノウハウを学び、成長することができました。

今振り返ってみれば、ギャンブルや飲み会ばかりしていた仲間と距離をとり、目標に向かって努力している仲間と付き合うようになったことで、私は人生は変わったのだと思います。

賢いお金持ちも、大なり小なり同じような経験をしています。

一生付き合うような数人の親友以外は、人生のステージごとに人間関係が変化しているものです。その人間関係に合わせて、自分自身も成長し、より多くの収入を手にしているのです。

そのようなプロセスを踏んでいる人が、同窓会に出席したときに「すごい変わったね！」と言われるのも当然ですね。

あなたを取り巻く人間関係はどうでしょうか？

しばらく変わっていないようであれば危険信号です。あなた自身が同じステージで足踏みしている可能性があります。

○居心地の悪さが成長につながる

かつての私がギャンブル仲間や飲み会仲間とつるんでいたように、変化のない人間関係は居心地がいいのも事実です。

しかし、さらにステージアップして、賢いお金持ちになりたいのであれば、新しい人間関係の中に飛び込むことも必要になります。

ポイントは、**自分がめざす方向で、1歩、2歩先を進んでいる人たちと付き合うこと**。たとえば、起業をめざしているのであれば、同じく起業家をめざしている人が集まるセミナーや講演会に参加してみる。

このとき、後れをとっているあなたは少し「背伸び」をしないと、彼らについていけないかもしれません。最初は居心地の悪さを感じることもあるでしょう。

それでも、そのコミュニティーの中で切磋琢磨していけば、必ず学びや気づきが多くあります。まわりに手本がいるわけですから、具体的にどんな行動をすればいいかもわかります。そのうちお互いに応援し合える仲間もできるはずです。

そして、そのコミュニティーの人間関係の中で違和感なく付き合えるようになったとき、あなたは成長し、すでに上のステージへあがっているはずです。

ただし、**「背伸び」をしすぎるのは禁物。**

たとえば、将来起業したいからといって、ソフトバンク創業者の孫正義さんや楽天の三木谷浩史さんのような大物経営者の講演会を聞きに行っても、刺激にはなるかもしれませんが、リアルな人間関係や行動には結びつきにくい。「少し頑張れば手が届く」くらいのコミュニティーに飛び込むのが、最も効果的です。

ポイント

賢いお金持ちは、人間関係が固定していない

「今度機会がありましたら……」と言わない

セミナーや交流会に参加したとき、初対面の参加者と意気投合、ビジネスでも協力関係を築けそうだと直感的に思ったとします。あなたなら、次にどんなアクションをとるでしょうか。

名刺を交換する？
連絡先を交換する？
フェイスブックで友達になる？

これらも悪くはありません。せっかく話が盛り上がっても、名刺交換さえしないケースもあるくらいですから。しかし、**「短気」なお金持ちなら、その場で次のアポイントの日時を決めてしまいます。**

せっかちだと思うかもしれませんが、賢いお金持ちは「この人と仲良くなりたい」と思ったら、すぐに行動に結びつけます。

「今度、機会がありましたら……」と言って別れたら、それこそチャンスを逃すことになります。今度とおばけは出たためしがありません。

あるお金持ちAさんの話です。

彼が起業関連のセミナーの懇親会に出席したとき、会社員をしながら趣味のマッサージで副業をしている男性Bさんと出会いました。Aさんは当時「副業」というテーマに興味があったこともあり、大いに話は盛り上がりました。

お金持ちのAさんは、よりくわしく話を聞きたいと思い、手帳を開きながら「落ち着いた場所でお話をうかがいたいので、今度、お時間をいただけませんか」と提案。Bさんは少し驚いた表情を見せましたが、自分のやっていることに興味をもってもらえたのが素直にうれしく、「喜んで！」と快諾しました。

その場で日程調整をしようとしたところ、実はBさんは地方都市に住んでいることが判明。翌日には飛行機で帰り、しばらく東京にはやってこないとのこと。そこで、お金持ちのAさんは、とっさに「それでは明日、フライトの前にお会いしませんか？」と提案したのです。

結局、2人は翌日、空港内のレストランで有意義な情報交換をし、その後も、交流は続いたそうです。

賢いお金持ちは「即アポ」

賢いお金持ちは、出会いをチャンスととらえています。お金は天から降ってくるものではない。**お金を運んでくるのは「人」だと理解している**からです。だからこそ、「この人と会えてよかった！」という旬の瞬間を逃しません。

たとえその場で会話が盛り上がったとしても、数日もたてば会ったことさえ忘れてしまうのが人間です。

「あとでメールをしよう」と思っていても、日々の仕事と生活に忙殺されて、結局失念してしまいます。

それを避けるためにも、即アポは効果的です。相性がよく、もっと話をしたいと思ったならば、「手帳を開いて会う日を決めませんか?」と提案する。そのくらいせっかちな人のほうが、濃密な人脈を構築できるのです。

「初対面でいきなりアポイントを申し込むのは不躾だ」と感じる人もいるかもしれません。実際、断られるケースもあります。

しかし、「あなたの専門分野について、もう少し話をうかがいたい」と言われて、嫌な気持ちになる人はほとんどいません。

私もセミナーや交流会で会った初対面の人から「田口さん、もう少し資産運用の○○についてくわしく聞かせてください」と言われ、後日お会いしたケースは何度もあります。相手が真剣に学びたいという姿勢を見せてくれれば、悪い気はしませんし、できるかぎりの応援をしたいというのが本心です。

ビジネスにつながるような人間関係を築きたいなら、せっかちなくらいがちょうどいいのです。

ただし、相手の時間を強引に奪うようなことはしてはいけませんし、実際にお会いしてくれたら、お茶代や食事代をもつのがマナーです。

セミナーオタクになってはいけない

セミナーや講演会に熱心に足を運んでいる人の中には、講師の話を聞くことが目的になっている人が少なくありません。

講師の話が終わったら、すぐに会場をあとにして、「今日もいい話を聞いた」と満足している……。こうして、ずっとセミナー行脚を繰り返すのでしょう。セミナーを渡り歩く「セミナーオタク」になってはいけません。

賢いお金持ちは、セミナーに実利を求めます。ひとつでも参考になることを学んだら、必ずすぐに実践します。

また、セミナーや講演会には、自分と同じような目標や志をもっている人がたくさん来場しているはずです。そんな参加者と交流することは刺激になりますし、なかには将来のビジネスパートナーが見つかるかもしれません。

実際、私自身もセミナー参加がきっかけで出会い、今も交流が続いている人はたくさんいます。

休憩時間やセミナー後に、隣の席の人に話しかけてみましょう。同じセミナーに参加しているのですから、共通の話題はたくさんあるはず。相性が悪いと感じれば、深入りしなければいいだけです。

もしもセミナー後に懇親会があるなら積極的に参加することも大切です。お酒の力を借りて参加者と仲良くなれるだけでなく、講師と直接話していろいろ質問することもできます。懇親会の席だと講師も口が滑らかになって、貴重な話が聞けるかもしれません。

知識やノウハウを得るだけが、セミナーの効能ではありません。セミナーや講演会は自分の将来に役立つ人間関係を築く場でもあるのです。

ポイント

賢いお金持ちは、出会ったその日にアポをとる

名刺は大切に保管しておかない

セミナーや異業種交流会に参加すると、熱心に名刺交換をしている人に出くわすことがあります。名刺を交換したら、自己紹介もそこそこに、「では、今後ともよろしくお願いします」と言って、次のターゲットに向かって一直線……。

いわゆる「名刺コレクター」は、名刺の枚数が自分の人脈だと勘違いしています。しかし、私の経験からいって、名刺そのものがお金や仕事をもたらしてくれることはありません。名刺交換だけしてほとんど記憶に残っていない人とビジネスを一緒にやろうとは誰も思わないからです。

一方で、**賢いお金持ちの人脈はシンプル**です。

「お金持ちは人脈が広い」というイメージがあるかもしれませんが、みなさんが想像するほど広くはありません。1年に1度以上、顔を合わせる人は１００人そこそこ、なかには10人未満というお金持ちもいます。私自身も20人ほどです。

名刺コレクターと決定的に異なるのは、**実際に一緒にビジネスをしていて、なおかつ相性がよい人脈の数が圧倒的に多い**、ということ。顔も思い出せないような名刺をいくらもっていても人脈とはいえないのです。

本当に大切な人脈とは何か?

あなたはもらった名刺をどうしているでしょうか。

ホルダーに仕分けして大切に保管している?

五十音順、業界別にしっかり整理整頓されている?

整理整頓が上手なのはけっこうですが、それらの名刺は本当にすべて必要でしょうか。なかには、顔を思い出せない人の名刺、どこで会ったかも覚えていない人の名刺も紛れ込んでいるかもしれません。または何年も連絡をとっていない人もいるでしょう。

賢いお金持ちは、もらった名刺をいつまでも大切に保管していません。せっかちなほどに必要のない名刺を処分します。そして、必要な名刺だけを残しておきます。

そうして賢いお金持ちは、自分にとって誰が大事な人であるかを常に把握しているのです。

デスクの上に書類などが散乱している人は、頭の中も整理されておらず、仕事も混乱しがち。一方で、デスクまわりの整理整頓ができている人は、仕事の段取りもスムーズで、早く成果を出します。

人脈もこれと同じで、使わない名刺がたくさん混ざっているということは、人脈の整理がついていない証拠。自分にとって大切な人、そうでない人の区別がつきづらくなります。そうすると、自分にとって大事でない人に時間と労力を費やし、本当に大事な人に不義理を働いてしまうこともあります。

いらない名刺はすぐに処分

すぐに自分の名刺ホルダーをチェックしてみましょう。

そして、**必要のない名刺がストックされているようだったら、ためらわずに処分してしまいましょう。**

・名刺を見ても顔が思い浮かばない
・1年以上、会っていない
・こちらから会いたいとは思わない

そのような名刺は、99％必要ありません。このような基準で名刺を捨てていくと、残る名刺はとても少なくなります。私自身も名刺の断捨離をしたら、輪ゴムでとめられるくらいの数に減りました。

賢いお金持ちの中には、1カ月に1度のペースで名刺の整理をする人、もらった当日に捨ててしまう人、スマホの中の電話帳も名刺と同じように定期的に整理する人もいます。このように人脈を整理整頓することによって、人間関係がシンプルになり、一人ひとりとの関係も深くなっていくのです。

ポイント

賢いお金持ちは、定期的に人脈のメンテナンスをする

〈第5章〉

賢いお金持ちは、日常生活でも「短気」である

ルーティンに時間をかけない

賢いお金持ちと一緒に行動していると、ビジネスシーンにかぎらず、日常生活でも判断が早いことに気づきます。

せっかちなほどにパッ、パッと決めていきます。

たとえば、一緒に喫茶店に入ればメニューを見ずに「ホットコーヒー」と頼みますし、ランチに行っても「焼き魚定食」と即決します。

なぜ、彼らは即断即決ができるのでしょうか。

それは、**迷わなくてもいいところでは迷わずに済むよう、あらかじめアクションが決まっている**からです。

つまり、毎日のルーティンに属することに関しては、「このときはこうする」と決めている。「喫茶店に入ったらホットコーヒー」「ランチはヘルシーな魚料理」と決めて行動しているわけです。

まわりの人から見ると、「何でもスパッと決めている」ように感じるかもしれませんが、実はケースバイケースで判断しているわけではなく、最初からすでに決まっているのです。

賢いお金持ちがルーティンに時間をかけないのは、「ランチで何を食べるか」といった小さな判断であっても、あれこれと迷っていると時間とエネルギーを消費するからです。余計な決断ばかり強いられると、それだけで脳は疲弊してしまいます。

ビジネスや投資では、ひとつの決断が命取りになることもあります。大切な決断を正確に下すために、些末なことは迷わずに済むような生活を心がけているのです。

たとえば、アップル・コンピュータの創業者である故スティーブ・ジョブズ氏は、いつも決まって同じ服を着ていました。黒のタートルネックにジーンズ、そして足下はスニーカーというスタイルをイメージする人が多いでしょう。

フェイスブックの創業者であるマーク・ザッカーバーグ氏も、グレーのTシャツや黒のパーカー、ジーンズが定番のスタイルです。

彼らのような大物経営者にかぎらず、賢いお金持ちは、毎日のルーティンを決め打ちして行動しています。

○ルーティンの決まり事をつくる

何でもかんでも迷ってしまいがちな人は、自分なりの決まり事をつくることをおすすめします。

・通勤時刻（家を出る時間、電車の時間、通勤のルート）
・着ていく服や購入するブランド
・ランチの店とメニュー
・カフェで注文するメニュー
・購入する日用品
・利用するコンビニ、スーパー
・居酒屋とメニュー
・接待で使う店

・手土産　など

もちろん、何でもかんでもルーティンにすることに抵抗を感じる人もいるでしょう。まずは自分にとって、とくにこだわりのないことから始めてみる。

逆に「ランチをどこで食べるかにはこだわりたい」ということであれば、無理にルーティン化する必要はありません。決まり事をつくることがストレスになったら、元も子もありません。

大事なことは、**ルーティンの判断に時間をかけすぎないこと**。決まり事がまったくないと、毎回迷うことになり、余計なエネルギーを使ってしまいます。

ポイント

賢いお金持ちは、「重要な決断」に時間とエネルギーを使う

「やりたいこと」は躊躇しない

賢いお金持ちは、「やってみたい」ことがあれば、すぐに行動します。

私の知り合いのお金持ちに、私が訪れた神社の話をしたことがあります。「その神社は、特に投資をする人にご利益があるそうですよ」という話をしたら、たいそう興味をもち、「それはいい話を聞きました。近々行ってみます」とのことでした。

すると、3日後、そのお金持ちからメールが届きました。

「田口さんに教えてもらった神社に来ています。ご利益がありそうです！」

こんなメッセージとともに、神社を背景に自画撮り画像が添付されていました。もとから行動力のある人だとは知っていましたが、まさか3日後に神社を訪問するとは……さすがに驚きました。

もうひとつエピソードを紹介しましょう。

私の叔父もお金には苦労しなかった人ですが、やはり昔から行動力には目を見張るものがありました。その行動力は今も現役時代と変わりません。

叔父は80歳を超えているのですが、何かを買うとき、常に新製品をチェックし、最新のものを購入しています。電化製品は、どの家庭よりも最新のものがそろっています。

その理由を私が尋ねると、叔父はこう言いました。

「おまえたちにはまだ先があるが、俺にはもう先がない。だから、最新のいちばんいいものを試したいんだ」

この言葉に私はハッとなり、「自分はやりたいことを本当にやっているだろうか」「忙しいと言って先延ばしにしていないだろうか」と自問自答しました。

いつ自分が病気を患ったり事故に遭ったりするかわかりません。明日、生きている保証はどこにもありません。それが人生です。

だからこそ、「やりたいこと」は躊躇《ちゅうちょ》せず、すぐに行動に移そうとあらためて心に誓いました。

「やってみたいこと」の実行日を手帳に書き込む

あなたにも「いつか行ってみたい」と思うような国や場所があるかもしれません。しかし、すぐ行動に移す人はまれです。だいたいは、忙しい日常の中で忘れてしまうものです。

しかし、**賢いお金持ちは、行ってみたい場所、食べてみたい料理があれば、できるかぎり早く行動を起こし、体験します。**

「いつかやってみたい」と憧れているのと、実際に体験するのとでは大違いです。実際に体験したからこそわかることがあります。事前のイメージとは違うところがあったとしても、それが学びとなり、思い出になります。

このような賢いお金持ちの行動力は、ビジネスや投資の世界でも威力を発揮します。ビジネスや投資こそ、行動力が問われます。自分が実行しなければ何も変わりませんし、その他大勢から抜け出すには、ライバルよりも早く動く必要があります。そうでなければ、ライバルに出し抜かれる結果となります。

したがって、やりたいことを躊躇しない人は、ビジネスでも結果を出します。

もしあなたがやってみたいこと、行ってみたいところがあるなら、今すぐ**具体的な日時を決め、手帳に書き込みましょう。**事前に予定を入れてしまえば、忙しいからといって先延ばしすることはありません。

「やりたいこと」をためらわずに実行する。これほど楽しい体験はありません。ぜひその快感を味わってみてください。きっとクセになるはずです。

ポイント

賢いお金持ちは、自分の欲望に素直

本は最後まで読まない

賢いお金持ちは本を読むときも「短気」です。

ここでは、気が短いお金持ちが実践している読書法を紹介しましょう。

彼らは、読み始めてハマらなかったら、すぐに読むのをやめてしまいます。

みなさんの中には、「読み始めたら最後まで読み切らないと気が済まない」という人もいると思います。もちろん、おもしろくて役に立つ本であれば、最後まで読み切ってもかまいません。

問題は、あまり気が乗らないまま、最後まで読んでしまうケースです。

本にも相性があります。自分が求めていた情報が載っていないケースもありますし、小説であれば世界観が好きではないというケースもあるでしょう。相性の悪い本を読み続けても、残念ながら得られるものはあまりありません。時間をムダにするだけで、読

者にとっても著者にとっても不幸です。

たとえば、投資の本はたくさん書店に並んでいますが、投資で成功する秘訣は、自分にいちばん合った投資法を探すことです。

したがって、投資に関連する本を読むときも、自分の感覚に合ったものを選ぶ。そうすると、実際の投資もうまくいきやすい。反対に「いちばん儲かる！」というキャッチコピーに惹かれて、ベストセラーになっている本を選んでも、相性がよくなければ失敗します。

「時間は有限である」という意識が強いお金持ちは、読書を始めたけれどしっくりこない場合は、もう読むのをやめます。**「書籍代がもったいない」ではなく、「時間がもったいない」と考えるのです。**

私の場合は、最初の10ページくらいで判断を下します。期待していた内容と違う、あるいは相性が悪いと感じたら、すぐに読むのをやめて、他の本を読む時間にあてます。

どうしても「書籍代がもったいない」と思う人は、書店で10ページほど読んでから購入を決めれば、相性の悪い本を買わずに済みます。

一方で、**賢いお金持ちは、自分に相性の良い本が見つかったら、じっくり集中して何度も読み返します。**そして、内容を咀嚼《そしゃく》し、自らの血肉とするのです。

「速読」のスキルを身につけようとする人をよく見かけますが、賢いお金持ちは、案外、速読よりも「遅読」な人が多い。

たいして相性のよくない本を10冊読むよりも、気に入った相性のよい1冊をじっくりと読むほうが得るものが多いと理解しているのです。

○ビジネス書は「マンガ版」でざっくりと概要をつかむ

賢いお金持ちは、ビジネス書にかぎっていえば、「自分が必要な情報を得る」ことを最大の目的にしています。

小説と違って、ビジネス書を読む動機は「実利」です。つまり、「組織のマネジメント手法を学びたい」「資産運用にまつわる税金について知りたい」「ビジネスの教養として世界史をひと通り学んでおきたい」という目的で読むケースが多いといえます。

だから、**最初から最後まで一言一句読む必要はありません**。極端なことをいえば、自分がほしい情報を得られたところで読むのをやめてもいいのです。実際、賢いお金持ちは、そのような読み方をしています。

自分がほしい情報に手っ取り早くたどりつくには、目次を見て、「この辺に書いてありそうだ」とあたりをつけるのがひとつ。

もうひとつは、**強調のために太字になっている文章だけを読んでいくこと**です。ビジネス書の場合、特に重要な記述については、編集者が太字にして読みやすく編集しています。したがって、太字の部分だけを拾っていっても、本の論旨をざっくりつかめますし、必要な情報にもたどり着きやすくなります。

必要な情報を手っ取り早く得るという意味では、ビジネス書のマンガ版もおすすめです。

近年では、ビジネス書のマンガ版がちょっとしたブームになっており、さまざまなテーマのマンガ版が発売されています。

「興味があるけれど、ちょっとむずかしそうだな」と感じるテーマであれば、まずはマンガ版から入るといいでしょう。

たとえば、ミリオンセラーとなった『嫌われる勇気』（ダイヤモンド社）のテーマである「アドラー心理学」を学ぼうと思ったら、何冊か刊行されているマンガ版から読んでみる。

マンガなので深い知識を得ることはできませんが、エッセンスを楽しくつかむことができます。マンガを読んでアドラー心理学をもっと知りたいと思えば、本家の『嫌われる勇気』や、より専門的な書籍に手を伸ばせばいい。

仕事ができる人ほど「マンガなんて……」と毛嫌いする傾向がありますが、**時間を効果的に使いたい賢いお金持ちは、マンガでざっくりと知識を得ることに抵抗はありません。**ぜひみなさんも試してみてください。

ノウハウは役に立たなければ意味がない

賢いお金持ちは、本を読んだだけで満足することはありません。特に目的をもってビジネス書を読んだ場合は、本で学んだことを実践します。

ビジネス書を読んでも、「あぁ、ためになった」「やる気が出てきた」と満足するだけで、そのあと何も行動に移さない人が少なくありません。しかし、本を読んだだけでは、現状は何も変わりません。

賢いお金持ちになれる人は、資産運用の勉強をしようとビジネス書を読んだら、必ずひとつは本の通り実行します。

たとえば、本を読んで「外国債券」に投資するメリットに納得したら、外国債券に投資できる証券会社に口座を開いたり、試しに少額を投資してみたりします。

ビジネス書を読んだら、実際にまねしてみたいことをピックアップし、実行に移すことが大切です。「何のために本を読んでいるのか」ということを忘れることなく、読書を楽しみましょう。

ポイント

賢いお金持ちは、本で学んだことを実践する

最新の健康法やダイエット法に惑わされない

資産運用には、失敗しないための原理・原則があります。本書で紹介した「損切りをためらわない」こともそのひとつ。そのほか、ビジネスやスポーツなどあらゆるものに、絶対に外してはいけない原理・原則が存在します。

賢いお金持ちは、いろいろと試すこと、変わることについてはためらいがありませんが、原理・原則から逸脱することはありません。

たとえば、健康法やダイエット法も、原理・原則を踏まえています。

健康法の原理・原則とは、ひとことで言えば、規則正しい生活をすることに尽きます。毎日十分な睡眠をとり、三食バランスの良い食生活を心がけ、深酒をしない。そして、適度な運動をする。世の中にはさまざまな健康法が存在しますが、この原理・原則に勝る健康法はありません。

ダイエット法も同じです。次から次へと最新のダイエット法が生まれては消えていきますが、人が健康的に痩せるには、食事の量を押さえることと適度な運動をすること、この2つさえ徹底していれば、少しずつ痩せていきます。少なくとも太ることはないでしょう。

したがって、賢いお金持ちは、最新の健康法やダイエット法が流行しても惑わされることはありません。

ひとつのダイエット法が流行ると、そればかり実行する人がいます。バナナダイエットが流行ったら、バナナばかり食べる生活を始める……。一時的に効果はあるかもしれませんが、バナナばかり食べていれば飽きますし、栄養のバランスも崩れます。結局、元通りの食生活に戻り、再び体重は増えていきます。

そして、次に炭水化物抜きダイエットが流行り始めれば、今度は過度に米やパンを食べない生活に傾倒し、体調を崩してしまう……。こうして流行りのダイエット法を取り入れては、リバウンドを繰り返しているのです。

世の中には、何事にも原理・原則があります。それを無視したやり方は必ず破綻する結果となるのです。

○「ミーハー」でいることも大切

賢いお金持ちは、原理・原則を外さない一方で、ミーハーなところもあります。健康法やダイエット法でも、興味のあるものは、とりあえず試してみる傾向があるのです。まさに「短気」です。

たとえば、バナナダイエットが流行っていたら、朝食だけバナナに変えてみる。炭水化物抜きダイエットが流行っていたら、3日間だけ実践してみる……というように原理・原則にプラスオンする形で取り入れてみるのです。

そして、自分の生活スタイルになじむようであれば続けて、反対に合わないようであればすぐにやめます。そうして自分に最も相性のよい健康法やダイエット法を確立していくのです。

前作の『なぜ賢いお金持ちに「デブ」はいないのか？』でもくわしく述べましたが、私の場合、最も自分にとって相性がよく効果的だったのが、毎日、体重と食べたものをひたすら記録していく「レコーディングダイエット」でした。体重と食事を常に意識することによって、食べすぎや運動不足を防ぐことができました。

実は、このダイエット法にたどり着くまでに、さまざまなダイエット法に手を出して失敗した経験があります。

この経験から私が言えることは、**自分に相性のよいノウハウを見つけるには、いろいろなやり方を取り入れて、試行錯誤をするのがいちばんの近道**だということです。もちろん、このとき原理・原則を踏み外してしまったら、失敗を繰り返すことになるのは言うまでもありません。

「原理・原則」と「ノウハウ・テクニック」のバランスが大切だということは忘れないでください。

ポイント

賢いお金持ちは、原理・原則を踏み外さない

「食わず嫌い」にならない

初めて訪れた街でお金持ちの知人とランチをとることになり、一緒に商店街を探索していたときのこと。その知人は、店の看板を指差しながらこう言いました。

「カンボジア料理！　めずらしいですね。カンボジア料理は食べたことないので、ここにしませんか」

私もカンボジア料理は食べたことがなかったので快諾。その店でランチをとることになりました。

地理的にタイやベトナムのような香辛料が独特な料理をイメージしていたのですが、実際のカンボジア料理は意外とマイルドな味付けで、日本人好み。おいしくいただけただけでなく、私にとっても知人にとっても意外な発見があり、充実したランチタイムに

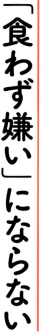

なりました。

この知人に限らず、**賢いお金持ちは好奇心旺盛です。**「食わず嫌い」をせずに、興味のあるものは、とりあえず試してみるというスタンスの人が多い。

先ほど「賢いお金持ちはルーティンに時間をかけない」という話をしました。「ランチはこの店で、このメニューを食べる」と、ある程度決めているお金持ちが多いのは事実です。

一方で、ルーティンから離れたところ（たとえば、旅先や初めて訪れた場所での食事など）では、積極的に新しいメニューにチャレンジする面を持ち合わせています。私のまわりのお金持ちの中にも、「まだ食べたことがないから」「最近流行っているみたいだから」という理由で、料理を注文する人が少なくありません。

また、ランチをルーティン化している人でも、その前にさまざまなお店やメニューを試した結果、「ここ！」と決めています。最初から決め打ちして、行きつけにしているわけではないのです。

○テナントに入っているすべての飲食店で食べてみる

食生活において好奇心旺盛で、いろいろと新しい店やメニューを試すことが好きな人は、ビジネスでもその性格を発揮する傾向があります。

ビジネスで成果をあげるには、決められたことを今まで通りに実行するタイプよりも、**変化を恐れずに、新しいものをいろいろと試してみるタイプのほうが有利**です。

そういう意味では、「食わず嫌い」にならず、新しい店やメニューにチャレンジする人はビジネスでも結果を出しやすい、といえます。

新しいものを避ける人は、思考が硬直化しがちです。

環境の変化に対応できる柔軟な発想を身につけるためにも、日常生活でトレーニングをしてみてはいかがでしょうか。

たとえば、職場のビルのテナントに20の飲食店が入っているとします。そのうちの数店でしか食事をしたことがないなら、20の飲食店すべてでランチを食べてみる。実際に食べてみると、意外な好物が見つかったり、居心地のいい店を発見できたりするかもしれません。

お気に入りの店を絞ってルーティン化するなら、20の飲食店すべてを試してみてからでも遅くはありません。

そのほか、巷で流行しているものを試してみるのも効果的です。

たとえば、「パンケーキなんて若い女性の中で流行っているものだから、自分には関係ない」と斜に構えるのではなく、家族や友人に付き添ってもらって、一度食べてみる。口に合うかどうかは別にして、「どうして流行っているのか」「若い女性はどんなものに惹かれるのか」といったことが少しは実感としてわかるかもしれません。「この間、パンケーキ食べたんだけどさあ……」と会話のネタにもなるでしょう。

「食わず嫌い」をやめることで、世界が広がるはずです。

ポイント

賢いお金持ちは、好奇心旺盛で新しいものにチャレンジする

「規則正しく」勉強しない

賢いお金持ちには、趣味の分野で「一芸」に秀でている人が少なくありません。

たとえば、ソムリエ並みにワインにくわしかったり、学者並みに江戸時代の歴史にくわしかったり、評論家並みに現代アートにくわしかったり……といった具合です。

「お金持ちは資金にも時間にも余裕があるから」と思うかもしれませんが、理由はそれだけではありません。彼らの勉強法には共通項があります。

それは、**短期集中で一気に知識を習得している**点です。

賢いお金持ちは、何かを学ぼうというとき、規則正しく「1日1ページずつテキストを勉強する」といった方法をとりません。

日本の歴史について1年間かけて計画的に学ぶというよりも、1カ月間で集中して知識を詰め込むといった手法を選択するのです。そういう意味では、賢いお金持ちは勉強についても「短気」といえます。

「勉強はコツコツ計画的にやるのがいちばん」というのが一般的な考え方かもしれませんが、実は効率が悪いのです。

短期集中のほうが学習の効果は高い

知り合いのTOEIC990点（満点）の英語講師によると、「日本人学生が、なかなか英語が身につかない原因のひとつは、中学校で3年間かけてコツコツ文法を学んでいることにある」とのこと。

英語力の基礎となる英文法を3カ月くらいの短期間でマスターさせてから、残りの時間を実践的なヒアリングやスピーキング、リーディングなどの時間に充てたほうが英語力は上がると言うのです。

人の記憶は、放っておけばどんどん薄れていきます。たしかに英文法は英語学習の土台となるものですが、土台をコツコツと築いているうちに、古くなった部分からだんだん崩れていく、という現象が起きてしまうのです。

これは、あらゆる学習に当てはまるのではないでしょうか。

長期間かけて知識を積み上げていくよりも、短期間に凝縮して勉強したほうが、学習の効果は上がります。

実際、受験の半年前まで部活動ばかりしていた生徒が、半年間の猛勉強で急激に学力をつけるといった現象はよく見られます。

また、映画化もされた『学年ビリのギャルが1年で偏差値を40上げて慶應大学に現役合格した話』（通称「ビリギャル」、KADOKAWA）のような生徒が現実にあらわれるのも、短期集中が効果的であることを物語っています。

「目標」をもつと集中できる

賢いお金持ちは、何かの知識やノウハウを習得するとき、短期間で集中的に学ぶ環境をつくります。

「学校や講座に通う」のもそのひとつ。

テキストや書籍を買って自己流でコツコツ学んでいたら、時間がかかりますし、勉強のコツもつかみづらい。

その点、専門的に教えてくれる学校に入れば、効率的に学習できますし、成果も早く出ます。たとえば、自己流でゴルフを始めても、なかなか上達しませんが、プロからレッスンを受けてコツをつかめば、急速に上達します。

「目標をつくる」という方法も効果的です。

たとえば、ワインについてくわしくなりたいなら、「ワイン検定」のような資格の取得を当面の目標とする。資格取得に検定試験をパスする必要があるなら、それに向けて学習のモチベーションは上がるはずです。

「目標をつくる」という意味では、勉強の成果を発表するような機会を設けてもいいでしょう。

たとえば、ワインの会を開催して、友人にワインを振る舞う。

プチワイン講座みたいな時間を設けて、ワインに関するうんちくを披露してもいいかもしれません。そうした知識をアウトプットするような機会があると勉強にも身が入ります。

人はラクをしたい生き物です。目標がなければ、「今週は仕事が忙しいから、ワインの勉強は来週にしよう」などと先延ばしにしてしまいます。そして、いつのまにかワインに対する熱は冷めることに……。そうならないように目標をつくり、短期集中で知識を吸収してしまうことが大切です。

○「小さな好奇心」を無視しない

大人の勉強は知的好奇心を満たされると同時に、世界観が広がります。

たとえば、歴史や文化に興味をもって学んでいると、同じ観光地に行っても多面的なものの見方ができます。

たとえば、旅行で有名な城を訪ねたときも、何の知識もなければ「わぁ、大きくてカッコイイなあ」で終わってしまいます。しかし、城の歴史や城主のこと、城下町の成り立ちなどの知識をもっていれば、同じ景色を見ていても、楽しさや感じるものが違ってきます。

賢いお金持ちは、小さな好奇心を無視しません。気になるもの、興味のあるものは、すぐに調べてみる。

たとえば、居酒屋でたまたま飲んだ日本酒が気に入ったら、その場でネット検索をして知識を仕入れる。酒蔵見学を受け付けていることを知れば、実際に酒蔵で見学してみる。そうこうしているうちに、日本酒の歴史や作り方にも興味がふくらみ、日本酒に関する書籍を買い込んで、一気に読破する。そうして仕入れた知識を友人・知人に披露すれば感心してもらえるので、ますます日本酒の世界にハマっていく……。

賢いお金持ちに教養のある人が多いのは、こうして小さな好奇心から世界を広げることができるからです。

学生時代の勉強は苦痛だったかもしれませんが、大人の勉強は好きなことを学べるので、楽しいことだらけです。ぜひあなたの好奇心に素直になってみてください。

ポイント

賢いお金持ちは、短期集中で勉強を楽しむ

先生は一人にこだわらない

前項で「何かを学ぶとき、賢いお金持ちは学校や講座に通う」という話をしましたが、**賢いお金持ちは、「自己流」にこだわりません。**

自分より知識や経験のある人に、すぐに教えを乞うのです。そのほうが短時間で、核心となる知識やノウハウを身につけることができます。

私は最近、生年月日からその人の性格などを統計学的に分析する「個性心理学」という学問に興味をもち、学んでいます。

個性心理学に興味をもったのは、ある知人が個性心理学を学んでいて、私の生年月日から性格を分析してくれたのがきっかけ。その分析がよく当たっていたので、純粋に面白いと感じたのです。

それ以来、書籍を読むなどして個性心理学に関する知識を蓄積していたのですが、ま

もなくして名古屋で講演をしたとき、受講生の一人と話していると、その人も個性心理学を学んでいることが判明。そして、名古屋にいる個性心理学の先生をその場で紹介してもらいました。

その先生のもとを訪ねると、実に人間的に魅力的な人で、教え方もうまい。「必要な知識はこれだけ」「まずはここからやってみましょう」という感じで、教え方がきわめてシンプルだったのです。そのため、自分が習得すべきこともすぐに明確になり、がぜんやる気がわいてきました。

相性の良さを感じた私は、たちまちその先生の虜となり、名古屋まで個性心理学を学びに通うことになりました。

全国に数千人ほど個性心理学の先生はいるそうなので、もちろん東京で教えてくれる人を探すこともできました。そのほうが交通費も移動時間も抑えられます。しかし、私にとっては名古屋の先生がベストだという確信がありました。それくらい相性の良さを感じていたのです。

先生に「卒業」まで付き合う必要はない

何かを学ぶときには、「先生」との相性が重要です。

人間関係と同じように、教えを乞う「先生」との相性は看過できません。どんなに経験や実績のある先生でも、相性が悪ければ前向きに学ぼうという気持ちになりませんし、だんだんと会うこと自体が億劫になっていきます。

褒められたほうがやる気になるタイプもいますし、厳しく指導してもらったほうがやる気が出るタイプもいます。先生の性格や指導法が、必ずしも生徒とマッチするとはかぎりません。

せっかく興味をもって始めたのに、先生との相性が悪かったばかりに、急激に関心を失ってしまうことさえある。そんなことになれば、もったいないですよね。

先生は一人にこだわる必要はありません。

学生時代は基本的に先生を選べませんが、幸いなことに、大人は先生を自分の意思で選ぶことができます。「卒業」まで一人の先生に付き合う必要はないのです。

先生との相性が悪いと思えば、他の先生のところに行ってもかまいません。一方で、相性がよいと感じたら、その先生を信じて、とことん学ぶ。そうすることによって、短期間で知識やノウハウを習得することができます。

賢いお金持ちは、一人の先生にこだわらず、相性のよい先生から効率よく学んでいるのです。

ポイント

賢いお金持ちは、先生との相性を重視する

おわりに

最後まで本書を読んでくださり、ありがとうございました。

ここまで読まれた人は、すでに「短気」なお金持ちの思考に変わっているはず。早く行動を起こしたいと、うずうずしているかもしれませんね。

ぜひ本書で学んだことをひとつでも実践してみください。必ずあなたの人生やビジネスに変化が起きることをお約束します。

ただ、その前に最後のアドバイスをひとつ。

すばやく行動を起こす際は、「お金をかける」ことがポイントです。そのほうが実行のスピードに加速がつき、早く成果が出やすいのです。

たとえば、本書を読んで「投資をして老後資金を貯めたい」と思ったのであれば、投資の専門書を買ったり、有料セミナーに出席して投資について学んだりする。あるいは、実際に証券会社に口座を開設して、お小遣いの範囲内で金融商品を買ってみてもいいでしょう。

実際にお金をかけると、人は本気になります。「お金をかけているのだから頑張らなければ。中途半端にやめられない」というモードになります。

よくないのは、インターネット検索で済ませてしまうこと。ネットで検索すれば、投資に関する情報をたくさん見つけることができます。もちろん、何も行動を起こさないよりは何倍もマシですが、身銭を切らなければ本気で取り組もうという気にはなりません。ネット検索でわかった気になってしまう人が最近、特に多いと感じています。

94ページで「短気は本気」と述べましたが、本気にならなければ、即断・即決・即行動につながりませんし、変化を繰り返すことはできません。

手っ取り早く本気になれる方法が、自分の懐を痛めることです。「短気」なお金持ちに変わるために、まずは身銭を切って、スタートダッシュを決めましょう。

短気志向によって、あなたの人生がよい方向へと「変化」していくことを楽しみにしています。

田口　智隆

田口智隆　たぐち　ともたか

1972年埼玉県生まれ。投資家。株式会社ファイナンシャルインディペンデンス代表取締役。大学中退後、学習塾の講師となるも、借金が膨らむ。28歳のとき、父親が病に倒れたのを機に、父親が経営する保険代理店に入社し、地域ナンバーワン代理店に成長させる。また、徹底した節約と資産運用により、自己破産寸前まで膨らんだ借金をわずか数年で完済。その後は「収入の複線化」「コア・サテライト投資」で資産を拡大。34歳のときに独立する。現在その経験を活かしマネー・カウンセリングをおこなう一方、日本全国でセミナー活動を積極的におこなっている。著書に『お金の不安が消えるノート』(フォレスト出版)、『お金が貯まらない人の悪い習慣39』(マガジンハウス)、『即断即決——速さは無敵のスキルになる』(きずな出版)などがある。

なぜ賢いお金持ちに「短気」が多いのか？

2017年4月10日　第一刷発行

著　者　　田口智隆
発行人　　出口 汪
発行所　　株式会社 水王舎
〒160-0023
東京都新宿区西新宿6-15-1 ラ・トゥール新宿511
電話　03-5909-8920

本文印刷　信毎書籍印刷
カバー印刷　歩プロセス
製　本　ナショナル製本
ブックデザイン　krran（西垂水敦・坂川朱音）
イラスト　花くまゆうさく

編集協力　土田修・高橋一喜
編集統括　瀬戸起彦（水王舎）

ISBN 978-4-86470-073-3